·四川大学精品立项教材·

中国轻工业"十三五"规划教材

统计学基本原理及在革制品科研实践中的应用

TONGJIXUE JIBEN YUANLI JI
ZAI GEZHIPIN KEYAN SHIJIANZHONG DE YINGYONG

主　编　周　晋

副主编　冯雨果

参　编　胡明宇　黄趋庭

四川大学出版社

项目策划：唐　飞
责任编辑：唐　飞
责任校对：蒋　玙
封面设计：墨创文化
责任印制：王　炜

图书在版编目（CIP）数据

统计学基本原理及在革制品科研实践中的应用 / 周晋主编. — 成都：四川大学出版社，2019.6
ISBN 978-7-5690-2868-3

Ⅰ.①统… Ⅱ.①周… Ⅲ.①统计学－应用－皮革工业－技术革新－研究 Ⅳ.①F407.85

中国版本图书馆 CIP 数据核字（2019）第 079727 号

书名　统计学基本原理及在革制品科研实践中的应用

主　　编	周　晋
出　　版	四川大学出版社
地　　址	成都市一环路南一段 24 号（610065）
发　　行	四川大学出版社
书　　号	ISBN 978-7-5690-2868-3
印前制作	四川胜翔数码印务设计有限公司
印　　刷	成都新凯江印刷有限公司
成品尺寸	185mm×260mm
印　　张	9.5
字　　数	228 千字
版　　次	2019 年 6 月第 1 版
印　　次	2019 年 6 月第 1 次印刷
定　　价	28.00 元

扫码加入读者圈

◆ 读者邮购本书，请与本社发行科联系。
电话：(028)85408408/(028)85401670/
(028)86408023　邮政编码：610065
◆ 本社图书如有印装质量问题，请寄回出版社调换。
◆ 网址：http://press.scu.edu.cn

四川大学出版社
微信公众号

前　言

　　传统意义上的革制品学科内容主要围绕产品外观和结构方向展开。随着生物力学、临床医学、人机工学和信息技术的不断发展以及人们对产品需求的不断升级，革制品领域的研究和实践涉及的内容逐渐扩大到人体运动生物力学（了解人体运动与力学的关系），信息大数据（海量数据的搜集、挖掘、分析方法和工具），产品功能评价（明确产品的某项特征及性能）等众多交叉领域。我们应该看到，革制品学科从单纯的艺术方向，逐渐转变为人文、艺术和自然的交叉学科。然而，统计学是所有这些学科的基础，研究统计学原理在革制品科研领域中的运用具有重要意义。

　　本书由 6 个章节构成：第 1 章为本书的概论，重点阐述本书主要解决的三个重点问题（正确理解统计学的基本原理和方法，并指导革制品实践研究的开展；建立革制品领域交叉研究的方法论，为领域内的科学研究和工程实践提供理论支撑；搭建覆盖革制品领域应用的案例分析库，为读者能够举一反三并结合自身的设备和要求来完成革制品实践的研究提供参考和依据）；第 2 章重点就统计学的基本理论、方法和数学模型进行介绍，并筛选出在革制品领域中应用较为广泛的模型进行详细的解释和分析；第 3 章为革制品领域交叉研究的方法论的构建，详细地阐述了革制品科学实验的目标、流程、步骤和要求，辅以详细的案例说明如何开展此部分的主要工作；第 4 章对足部生物力学的相关问题进行介绍（足部形态学、足部生物力学模型和有限元、下肢动力学和下肢运动学），同时，每个方面都有案例进行详细的应用说明；第 5 章重点建立鞋类品牌的新零售领域和大数据理论基础，提出线下门店大数据采集和精准营销的方法系统，并以国内某知名鞋类品牌零售门店为应用进行案例分析；第 6 章主要对产品验证研究的两个案例进行详细分析，为建立革制品科研领域的统计学应用的案例分析库起到抛砖引玉的作用。

　　本书第 1、5 章由周晋（四川大学）编写，第 2 章由胡明宇（四川大学）编写，第 3 章由黄趋庭（四川大学）编写，第 4、6 章由冯雨果（西华大学）编写。全书由周晋进行审阅和修改。

　　本书重点对统计学的基本原理、方法以及在革制品科研中的运用进行归纳总结，通过理论和应用的结合，为制鞋从业人员提供统计学知识的素材，从而让他们能够明确进行科学实验背后的理论和方法，最后通过实际的案例进行学习和掌握。本书的编写为鞋类行业人员提升科研能力提供了理论支持，也为制鞋行业的转型、升级提供应用参考及人才培训的支持。

本书的出版得到了"四川大学立项建设教材"项目的支持，在此表示感谢。

由于作者水平所限，书中难免有不足之处，欢迎广大读者批评指正。

作　者
2018 年 12 月

目　录

1　概论

统计学，简单的理解就是研究数据及数据分布规律的学科，也是当前大数据研究的基础性理论；同时，统计学是在海量的数据中运用分析模型探索事物发展规律的重要手段。革制品领域的研究和实践涉及的内容包括人体运动生物力学（了解人体运动与力学的关系），信息大数据（海量数据的搜集、挖掘、分析方法和工具），产品功能评价（明确产品的某项特征及性能）等众多交叉领域（生物力学、临床医学、人机工学和信息技术的交叉），这些领域知识的结合为进一步了解革制品的科学内涵提供了方法和工具，也让我们能够深入理解诸如中国人群脚型分布规律、健康儿童的运动发育特点、糖尿病鞋的减压性能研究、新零售精准营销等交叉学科知识的特点和规律。此外，统计学的应用领域覆盖了包括这些领域在内的绝大多数社会科学和自然科学，因此，革制品领域的实践更需要统计学相关知识的协助。然而，不同的革制品实践需要的统计学知识和应用是不同的，如何正确理解统计学的基本原理和方法，并指导革制品实践研究的开展，是本书需要解决的第一个问题。

革制品的科研表面上看起来是解决产品结构和外观的问题，但深层次却是产品背后的生物力学、临床医学、人机工学和信息技术等领域的理论和技术，而这些领域的研究有着专有的或是特殊的方法。例如，在研究人体足底压力分布特征的课题时，首先需要进行实验或研究方案的设计，其中包含了样本量的设计、样本的筛选、实验流程设计、目标数据的获取和数据质量的评价；其次涉及如何对数据进行处理，查找异常值，对数据进行滤波和优化处理、预处理；最后则需要验证数据的正态分布特征或是其他特征，从而选择正确的统计学分析方法。以上这些内容则是革制品科学研究的基本理论方法和实践应用，详细地梳理这些内容是本书需要解决的第二个问题。

结合统计学的知识，在革制品领域的应用衍生出了众多的方法和案例，比如如何抽样对产品进行评测，如何应用生物力学设备开展人体的测量，如何运用软件对数据进行处理等。我们通过在革制品领域大量、丰富的实践案例及案例的展示，为读者能够举一反三并结合自身的设备和要求来完成革制品实践的研究提供参考和依据，这是本书需要解决的第三个问题。

1.1　统计学的定义和研究范围

统计学是通过搜索、整理、分析、描述数据等手段，达到推断所测对象的本质，甚至预测对象未来的一门综合性科学[1]。统计学主要有为两大分支：社会统计学和数理统计学。我国著名统计学家王见定教授准确地界定了社会统计学与数理统计学各自的研究范围[2]：社会统计学描述的是变量，数理统计学描述的是随机变量，而变量和随机变量是两个既有区别又有联系，且在一定条件下可以相互转化的数学概念。

统计学是一门很古老的科学，它起源于研究社会经济问题，但 20 世纪初以来，由于科学技术和社会的巨大变革，统计学进入了快速发展时期：由计数统计向推断统计发展，并向统计预测和决策科学方向发展。这使得统计学这门学科被广泛用于研究社会和自然界的各个方面，并发展成为有着许多分支学科的科学[1,3]。

1.2　革制品科研发展概要

革制品的科研发展分为三个主要方向：运动生物力学理论和应用研究、产品的结构设计和功能的评价、鞋类零售的数据采集方法和大数据的应用。

运动生物力学的科研主要是从形态学、运动学、静力学、动力学和表面肌电等角度来解释人体运动发育及运动特征。其研究对象分为两个方向：健康人群，如研究健康儿童运动发育[4-7]、老年人群的运动特点[8-10]或特定的专业人员（运动员）等[11]；患疾病人群，如对糖尿病患者进行足部溃疡发生风险的评价[12-16]，针对中风患者[17]或脑瘫患儿[18]进行恢复后的运动评价等。此外，有限元的方法被广泛地应用于理论模型的分析[19-25]，如糖尿病溃疡发生机制的有限元分析，脑瘫患儿矫形手术的效果分析，鞋底的防滑效果分析及结构改进等方向，也是革制品科研的重要补充。

产品的结构设计和功能的评价主要是针对革制品鞋类[4-5]、箱包[26-27]、手套[28-29]等产品开展的结构设计和生物力学评价。在鞋类领域，重点是针对鞋楦、鞋垫和鞋底部件。这些部件决定了影响舒适度的主要指标。例如，对鞋楦的研究，实质上是探讨足部的变形及变形的最佳数据[30]；对鞋垫的研究则是对足底压力的分布进行调整和再分布，而足底压力会影响身体下肢和上肢的步态和姿势，鞋垫的介入和调整影响较大[5]；鞋底作为人体和地面接触的媒介，在起到承担缓冲和防滑的主要作用的同时，也起到提高行走效率、节约能耗的附加作用[6]。在箱包领域，对儿童背包负重的生物力学评价的相关结果对儿童书包结构的设计具有积极的作用。提高小型压力传感器的应用，可以对箱包拉手或拉杆部分的结果进行升级优化，也可以应用于手套的结构的设计和优化中[26]。

在产品的设计和功能结构的评价中，利用有限元的方法在实物制作完成前就能了解到结构性能，在设计阶段就能实现干预和设计的改进[21]。有限元的方法是革制品产品设计和功能结构评价领域的研究热点。

鞋类零售的数据采集方法和大数据的应用主要研究方向：线上和线下大数据的采集、处理和分析技术[31]，顾客喜好的推荐技术研究[32-33]，智能零售终端的研发。互联网的迅猛发展，使得网络购物在传统零售领域中占据了一席之地。互联网由于其独特性和唯一性，使得每台电脑或每个登录账户都能被平台的所有者进行实时的记录，进而基于这些数据构建出线上消费者、消费行为和产品的特征。线上实现这些数据的采集成本低、方法成熟，而线下实现类似的数据研究则困难较大。首先体现在采集的方法，例如，在采集顾客的特征时需要应用到人体生物信息的识别技术，在采集顾客的消费行为方面时需要应用到 RFID 技术来获取顾客对于产品的关注和试穿的情况[31]；其次体现在数据的获取成本，例如，采用 RFID 设备进行采集，需要布局数十个采集终端，这些硬件设备成本投入高；最后体现在数据处理和分析技术，当前学术界较少针对线下门店的采集技术开展过理论和应用研究，我们曾基于国内某鞋类零售品牌开展过系统的研究，建立了基于线下零售门店大数据研究的系统性方法。在研究中，主要采用了图像智能识别和 RFID 技术，对消费者的特征、消费行为和产品进行了数据的采集，这些数据将营销过程定量化和数据化，为后续建立营销模型，进而指导营销实践提供了大量的数据基础。更为显著的是，通过这些数据的采集，实现了鞋类产品生命周期建模。

特别是，当前的生命周期建模方法均基于销售数据[31]，而销售数据是消费行为的最终结果，有一定的滞后性，并不适合于当前鞋类产品的快时尚趋势。因此，需要引入消费行为的过程参数，如关注度、试穿数等，通过将消费行为的过程参数引入生命周期的模型，构建出基于消费行为过程的产品生命周期模型，能够便于产品的经营者干预，从而优化产品的生命周期曲线，延长产品的生命周期，实现产品利润的最大化。

1.3　统计学在革制品科研中的应用

统计学在革制品科研中的应用非常广泛，可以说是深刻地融入了革制品的科研实践之中。不论是做简单的脚型规律统计、不同人群间的脚型差异，还是做复杂的因子分析，挖掘出影响鞋类产品的关键要素，进而进行跟踪反馈和改进，并对产品改进后的效果进行评价，这些过程都离不开统计学的思想和方法模型。具体来看，统计学在革制品科研中的应用主要包括以下几个方面。

1.3.1　数据采集的规范性

数据采集主要是针对研究对象开展的一系列为支撑结果而所需的数据过程。数据的采集是科学研究的必要基础。实现数据采集也是需要基于合理的实验设计、实验方案和流程，正确使用科研设备，这些前提条件的建立是本数据所需要重点说明的。

1.3.2　数据处理的科学性

数据处理是进入统计学分析前的必要步骤。数据处理首先是数据的噪声去除，比如针对时间序列的数据，一般需要先进行数据过滤（6 Hz），再对数据进行拟合。然后进行异常数据的筛选，在 SPSS 软件的协助下，可以采用 Explore 模型，对偏离均值范围内的数据进行处理，最终获得单个数据的均值和标准差。其次，如果数据有多个分组，还需要计算组间和组内的均值和标准差；同时在一些特定的情况下，需要额外对数据进行加权处理和标准化处理。加权和标准化（曲线拟合也是一种标准化处理的方法）是将不同量级的数据统一为可以比较的相对数据值。最后，数据处理结束后，等待进行统计学的分析。

1.3.3　数据统计学分析的正确性

在实践过程中，我们通常遇到采用不正确的统计学方法和模型进行数据分析，其得到的结果是不可靠的。选择正确的统计学分析模型就是要求我们能够正确理解数据的特点和类型（可以通过正态分布的检验来明确数据分布是否服从正态性），然后基于数据的类型，选用正确的统计学分析方法（比如，针对同一个受试者的前后两次的实验，需要采用独立样本 T 检验；非正态分布的数据需要采用非参数分析的模型）。

1.3.4　数据结果解读的合理性

当我们科学合理地对数据进行了处理，并选用正确的统计学分析模型，那得到的数据分析结果是可靠的；然而，数据结果的解读往往也非常重要。在统计学中，一般采用 P 值作为评价基准：$P<0.05$，可以推翻原假设；$P>0.05$，则接受原假设。但是显著度的解读存在Ⅰ类错误和Ⅱ类错误，因此，降低Ⅰ类错误和Ⅱ类错误的可能性，从而能够去伪存真，合理地解读统计学分析的结果。

以上这几方面的内容，也将在本书中一一展开，详细地进行解读。

1.4　本书内容概要

本书由 6 个章节构成：第 1 章为本书的概论，重点阐述本书主要解决的 3 个重点问题（正确理解统计学的基本原理和方法，并指导革制品实践研究的开展；建立革制品领域交叉研究的方法论，为领域内的科学研究和工程实践提供理论支撑；搭建覆盖革制品领域应用的案例分析库，为读者能够举一反三并结合自身的设备和要求来完成革制品实践的研究提供参考和依据）；第 2 章重点就统计学的基本理论、方法和数学模型进行介绍，并筛选出在革制品领域中应用较为广泛的模型进行详细的解释和案例的分析；第 3 章为革制品领域交叉研究的方法论的构建，详细地阐述了革制品科学实验的目标、流程、步骤和要求，并辅以详细的案例说明如何开展此部分的主要工作；第 4 章对运动生物力学的 4 个层面的问题进行了介绍（形态学、运动学、静力学和动力学），同时每个方面都有案例进行详细的应用说明；第 5 章重点建立鞋类品牌的新零售领域和大数据理论基础，提出线下门店大数据采集和精准营销的方法系统，并以国内某知名鞋类品牌零售门店为应用进行案例分析；第 6 章主要通过在运动生物力学、大数据应用、功能性产品评价、产品结构设计等方面的应用实践进行详细的案例分析，从而建立起革制品科研领域的统计学应用的案例分析库，起到抛砖引玉的作用。

参考文献

［1］关于统计学你究竟了解多少？［EB/OL］.［2018－05－10］. http：//3g.163.com/dy/article/DH FSFSQ405118CTM.html.

［2］王见定. 社会统计学与数理统计学的统一［J］. 前沿科学，2008，2（2）：20－33.

［3］IVERSEN G R. 统计学基本概念和方法［M］. 吴喜之，程博，柳林旭，等，译. 北京：高等教育出版社，2006.

［4］孟凯宁，冯雨果，徐波，等. 基于德尔菲法的儿童鞋安全性评价指标体系［J］. 中国皮革，2016，45（4）：42—46.

［5］宋影，范浩军，周晋，等. 儿童机能鞋垫的功能性设计及研究［J］. 中国皮革，2015（17）：52—55.

［6］张悠然，周晋，陈武勇，等. 鞋底硬度对于儿童行走的影响［J］. 中国皮革，2011，40（22）：108—110.

［7］张悠然，王坤余，徐波，等. 三维扫描仪在四川儿童足部形态学中的应用研究［J］. 中国皮革，2014（4）：115—117.

［8］李艳. 老年人足部运动功能衰退的力学研究［D］. 西安：陕西科技大学，2016.

［9］杨帆，罗予，温子豪. 老年人步态及运动干预手段研究进展［J］. 当代体育科技，2017，7（25）：1.

［10］肖美痕. 老年人常速行走与快速行走特征的生物力学分析［D］. 北京：北京体育大学，2004.

［11］BARTLETT R，BUSSEY M. Sports Biomechanics：Reducing Injury Risk and Improving Sports Performance［M］. 2nd Edition. London：Routledge，2011.

［12］刘瑶霞，余叶蓉，徐波，等. 糖尿病周围神经病变与足型及足底压力的关系［J］. 中国糖尿病杂志，2011，3（5）：371—375.

［13］刘瑶霞，陈树，周晋，等. 糖尿病患者周围神经病变早期筛查的临床意义及危险因素分析［J］. 中国糖尿病杂志，2016，24（6）：536—539.

［14］周晋，陈武勇，徐波，等. 光学扫描法和压力测试法用于糖尿病患者拇外翻足的研究［J］. 中国皮革，2009，38（22）：118—121.

［15］徐波，周晋，刘瑶霞，等. BMI 对糖尿病患者足底尺寸的影响［J］. 中国皮革，2009，38（4）：105—108.

［16］李枫玉，何有节，徐波，等. 糖尿病拇趾足底压力的系统性评价［J］. 西部皮革，2013（9）：33—37.

［17］王桂茂，齐瑞，严隽陶. 中风偏瘫步态的生物力学及其运动学特征分析［J］. 中国组织工程研究，2007，11（40）：8169—8172.

［18］李枫玉，何有节，徐波，等. 足底压力测试系统在脑瘫患儿研究中的应用［J］. 西部皮革，2014（11）：40—44.

［19］CHEN W P，TANG F T，JU C W. Stress distribution of the foot during mid—stance to push—off in barefoot gait：A 3—D finite element analysis［J］. Clinical Biomechanics，2001，16（7）：614—620.

［20］CHU T M，REDDY N P，PADOVAN J. Three—dimensional finite element stress analysis of the polypropylene，ankle—foot orthosis：Static analysis［J］. Medical Engineering & Physics，1995，17（5）：372—379.

[21] ERDEMIR A, VIVEIROS M L, ULBRECHT J S, et al. An inverse finite—element model of heel—pad indentation [J]. Journal of Biomechanics, 2006, 39（7）：1279—1286.

[22] YU J, CHEUNG J T, FAN Y, et al. Development of a finite element model of female foot for high—heeled shoe design [J]. Clinical Biomechanics, 2008, 23 Suppl 1（1）：S31.

[23] 孙卫东, 温建民. 足部有限元建模方法应用现状 [J]. 中国组织工程研究, 2010, 14（13）：2457—2461.

[24] 彭春政, 陆爱云. 有限元分析在足部生物力学研究中的应用现状 [J]. 中国运动医学杂志, 2010, 29（3）：379—382.

[25] 李婷, 范浩军, 徐波, 等. 成年男子足部有限元模型的建立与分析 [J]. 中国皮革, 2015, 44（4）：116—119.

[26] 周南, 张小燕, 陈武勇, 等. 小学生书包构型与生物力学性能对比 [J]. 皮革科学与工程, 2017, 27（1）：20—24.

[27] 周南, 闫晶, 周晋, 等. 不同书包负重对小学生身体姿势的影响 [J]. 中国皮革, 2016, 45（2）：69—73.

[28] 李倬有, 丁立, 岳国栋. 舱外航天服手套对手指力学影响的仿真研究 [J]. 生物医学工程学杂志, 2013（4）：767—771.

[29] 王建宇, 刘宏, 谢宗武, 等. 舱外航天服手套关节力学特性测试系统 [J]. 南京理工大学学报（自然科学版）, 2008, 32（2）：171—175.

[30] 周晋, 徐波. 鞋楦设计原理 [M]. 北京：中国轻工业出版社, 2016.

[31] 周晋. 线下鞋类零售门店智能数据采集系统设计及实证研究 [D]. 成都：四川大学, 2017.

[32] 扈中凯, 郑小林, 吴亚峰, 等. 基于用户评论挖掘的产品推荐算法 [J]. 浙江大学学报（工学版）, 2013, 47（8）：1475—1485.

[33] 高琪, 辛乐. 基于用户偏好度模型和情感计算的产品推荐算法 [A] //第二十九届中国控制会议论文集 [C]. 北京, 2010.

2 统计学基本理论

2.1 数据类型

统计学中的数据类型按照不同的标准划分，主要分类标准有计量尺度的差异、统计数据的收集方法不同和被描述的对象与时间的关系3种。

（1）按照所采用的计量尺度不同，可以将统计数据分为分类数据（norminal）、顺序数据（ordinal）和数值数据（scale）。

①分类数据：指只能归于某一类别的非数字型数据，如性别中的男女。

②顺序数据：指能归于某一有序类别的非数字型数据，如产品的等级。

③数值数据：按数字尺度测量的观察值，它是自然或度量单位对事物进行测量的结果，如体重。

3种数据类型举例见表2-1。

表2-1　3种数据类型举例

分类数据	运动种类	顺序数据	排名	数值数据	体重
	游泳		3		80 kg
	篮球		1		75 kg
	足球		5		60 kg

（2）按照统计数据的收集方法不同，可以将统计数据分为观测数据（observational data）和实验数据（experimental data）。

①观测数据：通过调查或观测而收集到的数据，它是在没有对事物进行人为控制的条件下得到的，有关社会经济现象的统计数据几乎都是观测数据。

②实验数据：指在实验中控制实验对象而收集到的数据。

（3）按照被描述的对象与时间的关系不同，可以将统计数据分为截面数据（cross-sectional data）和时间序列数据（time-series data）。

①截面数据：指在相同或近似相同的时间点上收集到的数据。

②时间序列数据：指在不同时间点上收集到的数据。

2.2 误差的概念

测量值与真实值之间的差异称为误差。由于仪器、实验条件、环境等因素的限制，测量不可能无限精确，物理量的测量值与客观存在的真实值之间总会存在着一定的差异，这种差异就是测量误差。误差是不可避免的，只能减小。

误差控制的方法主要有以下两种。

2.2.1 平均值处理

算数平均的公式为：

$$\overline{X} = \frac{\sum_{i=1}^{n} X_i}{n} \tag{2-1}$$

为了降低同一次测试产生的误差，我们通常采用 3 次测试的方法，并使用算术平均值来代表该样本的一次测试数据。正常情况下测试 3 次，但是遇到步态极不稳定的受试者，如儿童或是脑瘫患者，测试次数通常大于 5 次。

加权平均的公式为：

$$\overline{X_w} = \frac{\sum_{i=1}^{n} (X_i \times W_i)}{n} \tag{2-2}$$

有些情况需要进行加权平均的处理，比如针对某款产品的综合表现开展主观专家评价（德尔菲法或是层次分析法）[1]，不同的指标有不同的权重表示，因此，在计算总得分时，需要采用加权平均的方法。

2.2.2 进行归一化处理

归一化处理的主要思想就是将有量纲的数据转换为无量纲数据。通常是将某一参数转换为该参数总和的百分比，或是将某一参数转换另一参数的百分比，或是采用某种拟合算法进行数据拟合。其主要用途包括以下几个方面。

1) CA 和 PTI 的归一化处理[2]

CA 和 PTI 的归一化通过计算其百分比来实现，并转换成为相对冲量（relative pressire time intrgral：PTI_{rel}）（%）＝ $[PTI(X_i) / \sum PTI(X_i)] \times 100\%$（其中 X_i 表示任一压力区域）和相对接触面积（relative contact area：CA_{rel}）（%）＝ $[CA(X_i)/ \sum CA(X_i)] \times 100\%$。

2) 步长与下肢长度的归一化处理[3]

不同年龄或不同身高的儿童具有不同的步长，但是为了排除身高的影响，通常采用下肢长度作为归一化处理的要素，即 $Foot\ Length_{rel}$（相对步长）＝ $Foot\ Length$/下肢长度。

3) 采用拟合的方法进行归一化处理[2,4]

在研究时间序列的数据时，因为不同受试者的步态表现存在一定的差异，因此采用二维或三维动作捕捉设备采集数据得到的数据点数量都是不一致的。但是在比较时，需要对所有数据量进行统一，如统一处理为 100 个点或 200 个点的数据序列。

对这些时间序列数据采用拟合的方法进行归一化处理：首先对数据采用6 Hz的滤波器进行过滤，然后采用 5 次样条曲线进行拟合，并获取 100 个点的标准化步态周期[4]。详细步骤和方法见本书后续章节内容。

2.3　描述性统计

描述性统计是最为直观的数据分析方法，其重点是描述数据的规律、特点，但没有深入挖掘数据的因果关系或是存在的差异。描述性统计包括集中趋势分析、离中趋势分析、概率分布和相关分析等。

2.3.1　集中趋势分析

1）平均数

平均数是表示一组数据集中趋势的数值，是指在一组数据中所有数据之和再除以这组数据的个数。它是反映数据集中趋势的一项指标。

算术平均数：指在一组数据中所有数据之和再除以数据的个数。其计算公式为：

$$A_n = \frac{a_1 + a_2 + \cdots + a_n}{n} \tag{2-3}$$

几何平均数：n 个观察值连乘积的 n 次方根。其计算公式为：

$$G_n = \sqrt[n]{a_1 \cdot a_2 \cdot \cdots \cdot a_n} \tag{2-4}$$

2）中位数

中位数（median）代表一个样本、种群或概率分布中的一个数值，其可将数值集合划分为相等的上、下两部分，即在这组数据中，有一半的数据比它大，有一半的数据比它小，一般用 $m_{0.5}$ 来表示。

当 n 为奇数时，中位数定义为：

$$m_{0.5} = X_{(n+1)/2} \tag{2-5}$$

当 n 为偶数时，中位数定义为：

$$m_{0.5} = \frac{X_{n/2} + X_{n/2+1}}{2} \tag{2-6}$$

3）众数

众数（mode）为统计学名词，是指在统计分布上具有明显集中趋势点的数值，它代表数据的一般水平（众数可以不存在或多于一个）。修正定义：众数是一组数据中出现次数最多的数值。有时众数在一组数中有好几个，一般用 M 来表示。

2.3.2　离中趋势分析

1）频数

频数（frequency）又称次数，是指变量值中代表某种特征的数（标志值）出现的次数。按分组依次排列的频数构成频数数列，用来说明各组标志值对全体标志值所起作用的强度。各组频数的总和等于总体的全部单位数。

2）平均差

平均差（mean deviation）是指总体所有单位与其算术平均数的离差绝对值的算术平均数。它反映各标志值与算术平均数之间的平均差异。平均差越大，表明各标志值与算术平均数的差异程度越大，该算术平均数的代表性就越小；平均差越小，表明各标志值与算术平均数的差异程度越小，该算术平均数的代表性就越大。

普通平均差的计算公式为：

$$M \cdot D = \frac{\sum |x - \bar{x}|}{N} \qquad (2-7)$$

加权平均差的计算公式为：

$$A \cdot D = \frac{\sum |x - \bar{x}| f}{\sum f} \qquad (2-8)$$

式中，f 为权重数。

3）标准差

在概率统计中，标准差（standard deviation）是最常用作统计分布程度（statistical dispersion）的测量数值。其定义为：标准差是指总体各单位标准值与其平均数离差平方的算术平均数的平方根。它反映组内个体间的离散程度。

假设有一组数值 X_1，X_2，…，X_n（皆为实数），其平均值（算术平均值）为 μ，则标准差 σ 的计算公式为：

$$\sigma = \sqrt{\frac{1}{N} \sum_{i=1}^{N} (X_i - \mu)^2} \qquad (2-9)$$

简单来说，标准差是一组数据平均值分散程度的一种度量。一个较大的标准差，代表大部分数值和其平均值之间差异较大；一个较小的标准差，代表这些数值较接近平均值。

4）方差

方差（variance）是在概率论和统计学中，衡量随机变量或一组数据的离散程度的度量数值。概率论中，方差用来度量随机变量和其数学期望（即均值）之间的偏离程度。统计学中，方差（样本方差）是各个数据分别与其平均数之差的平方和的平均数。其计算公式为：

$$\sigma^2 = \frac{1}{N} \sum_{i=1}^{N} (X_i - \mu)^2 \qquad (2-10)$$

式中，σ^2 为总体方差；X 为变量；μ 为总体均值；N 为总体例数。

$$S^2 = \frac{1}{(n-1)} \sum_{i=1}^{N} (X_i - \bar{X})^2 \qquad (2-11)$$

式中，S^2 为样本方差；$\bar{X}$ 为样本均值；n 为样本量。

2.3.3　概率分布

概率分布是概率论的基本概念之一，用以表述随机变量取值的概率规律。

1）随机事件

随机试验的每一种可能结果，在一定条件下可能发生，也可能不发生，称为随机事件（random event）。随机事件包括必然发生事件、不可能发生事件、小概率事件。小概率事件虽然不是不可能事件，但在一次试验中出现的可能性很小，不出现的可能性很大，以至于实际上可以看成是不可能发生的，如概率小于 0.05、0.01、0.001 等。

2）随机变量

如果表示试验结果的变量 X，其可能取值为可列个，且以多个确定的概率取这些不同的值，则称 X 为离散型随机变量（discrete random variable）；如果表示试验结果的变量 X，其可能取值为某范围内的任何数值，且 X 在其取值范围内的任一区间中取值时，其概率是确定的，则称 X 为连续型随机变量（continuous random variable）。

3）正态分布

正态分布是一种很重要的连续型随机变量的概率分布。生物现象中有许多变量是服从或近似服从正态分布的。正态分布曲线呈钟形，两头低，中间高，左右对称，因此人们又将其称为钟形曲线（图 2-1）。若随机变量 X 服从一个数学期望为 μ、方差为 σ^2 的正态分布，则记为 $N(\mu, \sigma^2)$。概率密度函数为正态分布的期望值 μ 决定了其位置，其标准差 σ 决定了分布的幅度。当 $\mu=0$，$\sigma=1$ 时，正态分布是标准正态分布。

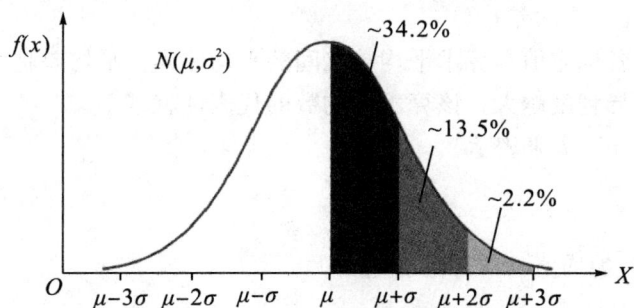

图 2-1　正态分布曲线（钟形曲线）

若 $X \sim N(\mu, \sigma^2)$，则有：

$$Y = \frac{X - \mu}{\sigma} \sim N(0, 1) \tag{2-12}$$

服从标准正态分布，通过查标准正态分布表就可以直接计算出原正态分布的概率值。

若随机变量 X 服从一个位置参数为 μ、尺度参数为 σ 的概率分布，且其概率密度函数为：

$$f(x) = \frac{1}{\sqrt{2\pi}\sigma} \exp\left[-\frac{(X - \mu)^2}{2\sigma^2}\right] \tag{2-13}$$

则这个随机变量就称为正态随机变量。正态随机变量服从的分布就称为正态分布，记作 σ^2。

2.3.4　相关分析

相关分析（correlation analysis）是研究随机变量之间相关关系的一种统计方法。研究两个变量间线性关系的程度，用相关系数 r 来描述。其主要关系如下：

(1) 正相关：如果 x，y 变化的方向一致，则 $r>0$。

(2) 负相关：如果 x，y 变化的方向相反，则 $r<0$。

(3) 无线性相关：$r=0$。

表示相关性的方法主要有 3 种：线性趋势（linear trends），可以用相关系数（correlation coefficient）来表示；平均值差异（differences in means），可以用标准差异（standardized difference）来表示；相对频率采用相对危险度（relative risks）、比值比（odds ratios）和频率差异（differences in frequencies）来计算。

1）相关系数

X 和 Y 变量之间的相关性定义为：X 和 Y 的协方差 $Cov(X，Y)$ 除以 X 的方差 $D(X)$ 和 Y 的方差 $D(Y)$ 的乘积的平方根。

$$r(X,Y) = \frac{Cov(X,Y)}{\sqrt{D(X) \times D(Y)}} \qquad (2-14)$$

相关系数的模型主要有以下几种：

(1) 皮尔森相关系数（Pearson）：用于反映两个变量线性相关程度的统计量。

(2) 斯皮尔曼系数（Spearman）：用于非参数的相关性检验。

(2) 组内相关系数（Intra-class correlation coefficient）：用于测试重复性。

2）平均值差异（平均差）

平均差是反映各标志值与算术平均数之间的平均差异。平均差越大，表明各标志值与算术平均数的差异程度越大，该算术平均数的代表性就越小。

通常使用 Cohen's d 来表示：

$$d = \frac{\overline{X_1} - \overline{X_2}}{S} \qquad (2-15)$$

式中，$\overline{X_1}$ 和 $\overline{X_2}$ 为均值；S 为标准差。

3）相对频率

相对频率的基本概念包括危险度（risk）、比值（odds）、危险比例（rick ratio）和比值比（odds ratio）。这四个参数重点用于评价二分类变量。

例如对糖尿病足溃疡进行干预，结果见表 2-2。

表 2-2　糖尿病足溃疡干预结果

	发生糖尿病足溃疡	未发生溃疡	总数
治疗组	50	130	180
对照组	150	30	180

$$危险度 = \frac{发生溃疡的人数}{观察的总人数}$$

治疗组危险度＝50/180＝0.27

对照组危险度＝150/180＝0.83

$$比值 = \frac{发生溃疡的人数}{未发生溃疡的人数}$$

治疗组比值＝50/130＝0.38

$$对照组比值＝150/30＝5$$

$$比值比＝\frac{治疗组比值}{对照组比值}＝0.38/5＝0.076$$

$$危险的比例＝\frac{治疗组危险度}{对照组危险度}＝0.27/0.83＝0.33$$

4）相关程度的等级

表 2-3 对不同相关系数进行了描述，对于较好或是最佳的相关程度，都要求相关系数高于 0.9。

表 2-3　不同相关性分析法相关程度的说明

相关系数 Correlation Coefficient	描述
0.0～0.1	相关性非常小，近乎等于零
0.1～0.3	相关性低
0.3～0.5	相关性中等
0.5～0.7	相关性大
0.7～0.9	相关性非常大、显著
0.9～1	近乎完全相关

2.4　T 检验和 F 检验

2.4.1　T 检验

1）T 检验的基本概念

T 检验也称学生式 T 检验（student's T test），主要用于样本含量较小（如 $n<30$）、总体标准差 σ 未知的正态分布检验。

T 检验分为单总体 T 检验和双总体 T 检验。

（1）单总体 T 检验是检验一个样本平均数与一个已知的总体平均数的差异是否显著。当总体分布是正态分布，如总体标准差未知且样本容量小于 30，那么样本平均数与总体平均数的离差统计量呈 t 分布。

单总体 T 检验统计量的计算公式为：

$$t = \frac{\overline{x} - \mu}{\dfrac{\sigma}{\sqrt{n-1}}} \tag{2-16}$$

式中，t 为样本平均数与总体平均数的离差统计量；$\overline{x}$ 为样本平均数；μ 为总体平均数；σ 为样本标准差；n 为样本容量。

（2）双总体 T 检验是检验两个样本平均数与其各自所代表的总体的差异是否显著。双总体 T 检验又分为两种情况：一是独立样本 T 检验；二是配对样本 T 检验。

2）T 检验的检验步骤

（1）建立假设，确定检验水准 α。

H0：$\mu＝\mu_0$（零假设，null hypothesis）。

13

H1：$\mu \neq \mu_0$（备择假设，alternative hypothesis）。

双侧检验，检验水准：$\alpha = 0.05$。

（2）计算检验统计量。

$$t = \frac{\overline{X} - \mu_0}{\dfrac{S}{\sqrt{n}}} \qquad (2-17)$$

（3）查相应界值表，确定 P 值，下结论。

3）常用 T 检验——独立样本 T 检验

在生物力学实践中，我们经常会遇到比较来自同一个总体的两个样本的差异，这时大多采用（假设样本服从正态分布）独立样本 T 检验。其计算公式为：

$$t = \frac{\overline{X_1} - \overline{X_2}}{\sqrt{\dfrac{(n_1 - 1) \times S_1^2 + (n_2 - 1) \times S_2^2}{n_1 + n_2 - 2}\left(\dfrac{1}{n_1} + \dfrac{1}{n_2}\right)}} \qquad (2-18)$$

2.4.2 F 检验

1）F 检验的基本概念

F 检验也称方差齐性检验。在两样本 T 检验中，都要用到 F 检验。

从两个研究总体中随机抽取样本，要对这两个样本进行比较时，首先要判断两总体方差是否相同，即方差齐性。若两总体方差相等，则直接用 T 检验；若两总体方差不相等，可采用 T 检验、变量变换或秩和检验等方法进行比较。

2）F 检验的检验步骤

（1）样本标准偏差的平方为：

$$S^2 = \frac{\sum (X - \overline{X})^2}{n - 1} \qquad (2-19)$$

（2）两组数据就能得到两个 S^2 值，即 S_1^2（大）和 S_2^2（小），则有：

$$F = \frac{S_1^2}{S_2^2} \qquad (2-20)$$

（3）用计算的 F 值与查表得到的 $F_{表}$ 值比较：

若 $F < F_{表}$，则两组数据没有显著差异；

若 $F \geqslant F_{表}$，则两组数据存在显著差异。

2.5　重复性和可靠性

2.5.1　重复性和可靠性的定义

评价可靠性的方法有平均误差（mean difference）、典型误差（typical error：TE）和重复测试相关性（retest correlation）3 种。平均误差是指平均值的差异。典型误差是指差异的标准差除以 $\sqrt{2}$。通常情况下，典型误差需要进行归一化处理，即除以整个测试组的平均值（TE/mean）×100，并成为方差系数（coefficient of variance：CoV），

CoV 值越大，说明重复性越低，反之亦然。重复测试相关性是指多次测试的相关系数，一般用组内相关系数（intra-class correlation coefficient：ICC）来评价，计算环境的显著度为 0.05，置信空间为 95%。ICC 的评价标准为：ICC<0.5，可靠性差；0.5<ICC<0.75，可靠性中等；ICC>0.75[5]，可靠性好。

2.5.2 CoV 的计算步骤

（1）明确各次测试的差异值。
（2）计算差异的标准差 SD。
（3）计算典型差异 $TE=SD/\sqrt{2}$。
（4）计算 $CoV=（PE/mean）\times100$。

2.6 如何选择一个适合的模型进行分析

我们在选择一个适合的模型前，需要考虑这些数据样本的几个重要方面，即参数、结论、残差和 Goodness of Fit。

2.6.1 参数

参数是指数据拟合的程度的表达形式，针对数据的拟合的直线斜率或数学公式即为该模型的参数。通常情况下，参数是以数据形式存在的。

2.6.2 结论和残差

结论（solution）是指拟合度的数值。残差（residual）是指观察值与预测值之间的差值。残差的计算是针对拟合曲线而言的，即对观测点作曲线的垂线距离，然后统计其残差的总和。如图 2-2 所示，有正残差（positive residual）和负残差（negative residual）。如果数据服从正态分布，其残差的分布为钟形曲线。通常情况下，残差是通过残差平方的总和（sum of the squares of the residuals）来表述的。

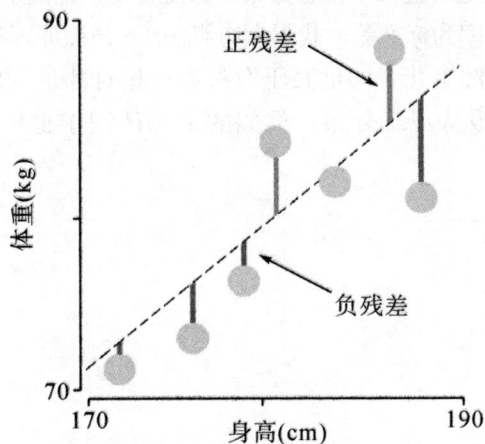

图 2-2 残差示意图

2.6.3 Goodness of Fit

Goodness of Fit 主要是指拟合好坏的程度，通常使用相关性的平方来表示，即我们通过分析软件拟合后计算出来的 R^2。R^2 数值越高，说明拟合的准确度越高，反之亦然。

2.6.4 残差和 Goodness of Fit 的关系

通过两个参数的定义可以看出，残差越小，曲线的拟合度越高。拟合度可以通过残差的标准差来表示。残差的标准差也被称为 root mean square error。统计学分析将残差的标准差进行平方处理，得到总的方差。

2.6.5 针对类别参数（nominal variable）

Goodness of Fit 不适合对类别参数进行拟合，而针对这类数据，可以采用 kappa coefficient 分析的类似方法。

2.7 常用的统计学分析应用实例

2.7.1 正态分布检验

统计学分析根据是否服从正态分布可以被划分为两种类型，即参数分析和非参数分析。因此，在实施统计学分析前，需要明确样本数据是否服从正态分布。检验正态分布的方法主要是绘制 Q—Q 图和 P—P 图，同时也可以采用 one sample K—S 分析模型来进行检验。

1）Q—Q 图和 P—P 图的案例介绍

Q—Q 图（Q 代表分位数）是一个概率图，用图形的方式比较两个概率分布，把它们的两个分位数放在一起比较。如果两个分布相似，则该 Q—Q 图趋近于落在 $y=x$ 线上；如果两分布线性相关，则点在 Q—Q 图上趋近于落在一条直线上，但不一定在 $y=x$ 线上。要利用 Q—Q 图鉴别样本数据是否近似于正态分布，只需看 Q—Q 图上的点是否近似地在一条直线附近，而且该直线的斜率为标准差，截距为均值。P—P 图原理与 Q—Q 图相似。

例如[6]，图 2-3 为健康儿童的足底压力参数—相对冲量（PTI_{rel}）的 Q—Q 图，可以从图中看出，该参数服从正态分布；类似的 P—P 图中也可以证实该参数服从正态分布，如图 2-4 所示。

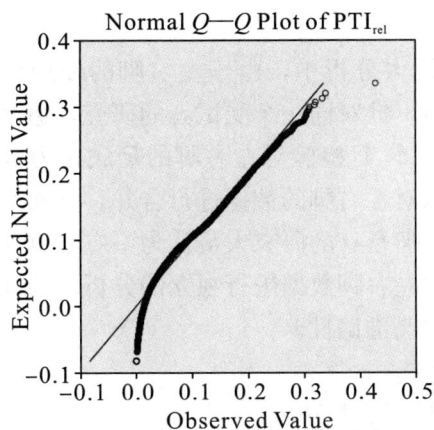

图 2-3　Q—Q 示意图

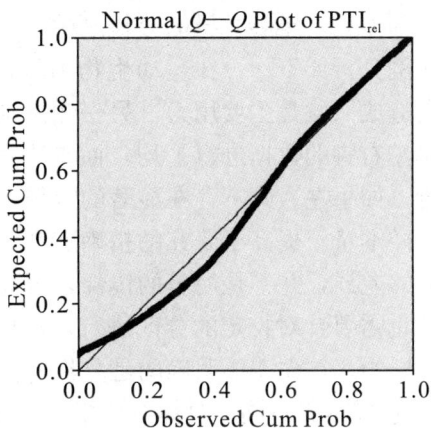

图 2-4　P—P 示意图

2）One sample Kolmogorov—Smirnov 分析的案例介绍

采用 One sample Kolmogorov—Smirnov 分析，通常需要先进行进一步的分段，比如按照足底压力分区或按照年龄来进行分段，然后开展服从正态分布的检验。

首先需要明确的是分析的假设和前提：

H0：样本所来自的总体分布服从检验要求的分布。

H1：样本所来自的总体分布不服从检验要求的分布。

One sample Kolmogorov—Smirnov 的分析结果见表 2-4。

表 2-4　One sample Kolmogorov—Smirnov 分析结果

		PTI_{rel}
N（样本量）		901
Normal Parameters（一般性参数）	Mean	0.086
	Std. Deviation	0.030
Most Extreme Differences（极端差异）	Absolute	0.028
	Positive	0.028
	Negative	−0.019
Kolmogorov—Smirnov Z		0.845
Asymp. Sig. (2—tailed)（结果显著度）		0.473

从表中的 Sig.（显著度）值可以看出，0.473＞0.05，因此接受 H0 假设，说明该参数服从正态分布。

2.7.2　独立样本 T 检验

独立样本 T 检验主要用于判断源于同一个总体的两组样本（服从正态分布）之间的差异。独立样本 T 检验被广泛地应用于革制品科研领域，来明确诸如左右脚差异、男女性别差异、年龄差异的分析之中。

案例分析如下[2]：在运动生物力学的足底压力分析中，由于左右脚的使用习惯不同，会造成一侧是主要用力，另一侧是辅助用力。针对同一个受试者的研究，通常不会直接对左右脚的数据进行平均，而是采用独立样本 T 检验对左右脚的足底压力数据进行分析，如果左右脚不存在显著的差异，那可以对左右脚的数据进行合并，从而增大了一倍的样本量，提高了研究的精确度和可靠性。但是有的研究人员认为，左右脚存在着生理上的差异，并不是简单的镜像，因此建议对左右脚数据进行独立的分析。独立样本 T 检验也需要针对特定的分区进行，这样可以提高准确性。

同样的，首先需要明确的是分析的假设和前提：

H0：样本来自同一总体（样本之间不存在显著的差异）。

H1：样本来自不同总体（样本之间存在显著的差异）。

独立样本 T 检验的分析结果见表 2—5[2]。

首先我们来看方差齐性的检查，用来判定结果采纳"方差齐性"或"方差非齐性"。从数据结果可以看出，相对压强峰值（PP_{rel}）为方差齐性，因此 T 检验的结果选用 0.754＞0.05，接受零假设；相对冲量（PTI_{rel}）和相对接触面积（CA_{rel}）方差非齐，应采用的结果为 0.583 和 0.000，其中 CA_{rel} 显著度小于 0.05，因此可以认为，受试者左右脚的差异体现在接触面积上。由于 CA_{rel} 的存在，依据分析的"木桶理论"，我们只能选用一只脚进行进一步的数据分析。

2.7.3　配对样本 T 检验

配对样本 T 检验和独立样本 T 检验最大的区别在于，配对样本 T 检验重点对同一样本的前后两次测试的差异进行比较，可以理解为比较同一样本的前后两次测试的差异，这两次测试可以是在间隔很短或间隔很长的时间内完成的。而独立样本 T 检验对样本则没有这样的限制，因此配对样本 T 检验具有较高的检测精度。在生物力学的分析中，常常用来比较同一受试者在进行某些干预措施后发生的改变，如评价足部安装矫形器的效果，我们就需要测试安装前和安装后的步态，应用配对样本 T 检验进行效果的评价。

例如，在儿童书包重量对儿童下肢运动的影响中，我们测试了儿童负重前后的下肢关节运动的角度，并采用配对样本 T 检验对负重的影响进行评价。

同样的，首先需要明确分析的假设和前提：

H0：样本来自同一总体（样本之间不存在显著的差异）。

H1：样本来自不同总体（样本之间存在显著的差异）。

配对样本 T 检验的分析结果见表 2—6。从表中可以看出，背负一定重量的书包[7]能够影响关节角度的运动范围（amplitude），但对单个关节的运动学参数（$\theta aveOAB$ 等）没有影响。

表 2-5　独立样本 T 检验分析结果

| | | Levene's Test for Equality of Variances | | $T-$test for Equality of Means | | | | | 95% Confidence Iinteval of the Difference | |
		F	Sig.	t	df	Sig. (2-tailed)	Mean Difference	Std. Error Difference	Lower	Upper
PP_{rel}	Equal variances assumed	0.127	0.721	−0.313	1786	0.754	−0.001276	0.004081	−0.009280	0.006728
	Equal variances not assumed			−0.313	1781.26	0.754	−0.001276	0.004081	−0.009280	0.006728
PTI_{rel}	Equal variances assumed	6.263	0.012	−0.550	1800	0.583	−0.000587	0.001067	−0.002679	0.001506
	Equal variances not assumed			−0.550	1790.41	0.583	−0.000587	0.001067	−0.002679	0.001506
CA_{rel}	Equal variances assumed	34.797	0.000	−6.416	1800	0.000	−0.013259	0.002066	−0.017312	−0.009206
	Equal variances not assumed			−6.416	1736.05	0.000	−0.013259	0.002066	−0.017312	−0.009206

表2-6 配对样本 T 检验分析结果

| | Paired Differences | | | | | t | df | Sig. (2-tailed) |
| | Mean | Std. Deviation | Std. Error Mean | 95% Confidence Interval of the Difference | | | | |
				Lower	Upper			
Pair 1 θaveOAB−θaveOAB1	−0.7499	3.7509	1.1861	−3.4331	1.9333	−0.632	9	0.543
Pair 2 θaveOAB1−θaveOAB2	5.1934	8.2919	2.6221	−0.7383	11.1250	1.981	9	0.079
Pair 3 θaveABD−θaveABD1	2.5954	6.0137	1.9017	−1.7065	6.8974	1.365	9	0.205
Pair 4 θaveABD1−θaveABD2	−23.6735	64.7918	20.4890	−70.0228	22.6758	−1.155	9	0.278
Pair 5 θaveBDF−θaveBDF1	6.0882	18.4754	5.8424	−7.1283	19.3047	1.042	9	0.325
Pair 6 θaveBDF1−θaveBDF2	11.2663	38.0213	12.0234	−15.9325	38.4651	0.937	9	0.373
Pair 7 amplitudeOAB−amplitudeOAB1	22.7313	15.7434	4.9785	11.4691	33.9935	4.566	9	0.001
Pair 8 amplitudeOAB1−amplitudeOAB2	−23.1739	12.3384	3.9018	−32.0003	−14.3475	−5.939	9	0.000
Pair 9 amplitudeABD−amplitudeABD1	28.4234	24.7530	7.8276	10.7162	46.1307	3.631	9	0.005
Pair 10 amplitudeABD1−amplitudeABD2	−40.5946	22.1215	6.9954	−56.4193	−24.7699	−5.803	9	0.000
Pair 11 amplitudeBDF−amplitudeBDF1	32.1899	23.1015	7.3053	15.6641	48.7157	4.406	9	0.002
Pair 12 amplitudeBDF1−amplitudeBDF2	−12.9571	34.0642	10.7720	−37.3252	11.4109	−1.203	9	0.260

2.7.4　相关性分析

相关性分析通常用于对两个参数的关联程度进行分析。同样以儿童书包负重的研究为案例[7]，在进行配对样本 T 检验的同时，也获得了前后测试的两次数据的相关性，见表 2-7。相关性分析主要看两个数据：一个是相关度的值（correlation），其代表关联程度，可以参考先前部分的标准来评判相关程度的好坏；另一个是显著度结果，其代表关联程度的显著性，若小于 0.05，说明两者之间不关联的可能性小于 5%，反之亦然。例如，表 2-7 中 Pair 1 结果显示相关性为 0.897，显著度为 0.000<0.05，说明该参数在负重前后是高度相关的。

表 2-7　配对样本相关性

		N	Correlation	Sig.
Pair 1	θaveOAB & θaveOAB1	10	0.897	0.000
Pair 2	θaveOAB1 & θaveOAB2	10	0.098	0.787
Pair 3	θaveABD & θaveABD1	10	0.995	0.000
Pair 4	θaveABD1 & θaveABD2	10	−0.224	0.534
Pair 5	θaveBDF & θaveBDF1	10	0.780	0.008
Pair 6	θaveBDF1 & θaveBDF2	10	−0.274	0.444
Pair 7	amplitudeOAB & amplitudeOAB1	10	−0.148	0.684
Pair 8	amplitudeOAB1 & amplitudeOAB2	10	0.123	0.735
Pair 9	amplitudeABD & amplitudeABD1	10	0.670	0.034
Pair 10	amplitudeABD1 & amplitudeABD2	10	0.441	0.202
Pair 11	amplitudeBDF & amplitudeABF1	10	0.679	0.031
Pair 12	amplitudeBDF1 & amplitudeABF2	10	0.169	0.640

2.7.5　方差分析

1）方差的基本概念

方差分析（Analysis of Variance，ANOVA）又称变异数分析，是用于两个及两个以上样本均数差别的显著性检验。方差分析是从观测变量的方差入手，研究诸多控制变量中哪些变量对观测变量有显著影响的方法。

方差分析的主要用途如下：

（1）均数差别的显著性检验。

（2）分离各有关因素，并估计其对总变异的作用。

（3）分析因素间的交互作用。

（4）方差齐性检验。

一个复杂的事物，其中往往有许多因素互相制约又互相依存。方差分析的目的是通过数据分析找出对该事物有显著影响的因素、各因素之间的交互作用，以及显著影响因素的最佳水平等。方差分析的方法是从总离差平方和分解出可追溯到指定来源的部分离差平方和，这是一个很重要的思想。

2）方差分析的原理

方差分析的基本原理是认为不同处理组的均数间的差别基本来源有两个：一个是实验条件，即不同的处理造成的差异，称为组间差异。用变量在各组的均值与总均值的偏差平方和的总和表示，记作 SS_b，组间自由度 DF_b。

$$SS_b = \sum_{i=1}^{n} (X_i - \overline{X})^2 \qquad (2-21)$$

式中，$\overline{X}$ 为总均值。

另一个是随机误差，如测量误差造成的差异或个体间的差异，称为组内差异。用变量在各组的均值与该组内变量值的偏差平方和的总和表示，记作 SS_w，组内自由度 DF_w。

$$SS_w = \sum_{i=1}^{n} (X_i - \overline{X'})^2 \qquad (2-22)$$

式中，$\overline{X'}$ 为组内均值。

总偏差平方和 $SS_t = SS_b + SS_w$。

$$MS_w = \frac{SS_w}{n-m} \qquad (2-23)$$

$$MS_b = \frac{SS_b}{m-1} \qquad (2-24)$$

式中，n 为样本总数；m 为组数。

$$F = \frac{MS_b}{MS_w} \qquad (2-25)$$

用 F 值与其临界值比较，推断各样本是否来自相同的总体。

3）方差分析的基本步骤

（1）建立检验假设。

H0：多个样本总体均值相等。

H1：多个样本总体均值不相等或不全等。

检验水准为 0.05。

（2）计算检验统计量 F 值。

（3）确定 P 值，并做出推断结果。

4）方差分析的假定条件

（1）各处理条件下的样本是随机的。

（2）各处理条件下的样本是相互独立的，否则可能出现无法解析的输出结果。

（3）各处理条件下的样本分别来自正态分布总体，否则使用非参数分析。

（4）各处理条件下的样本方差相同，即具有齐效性。

5）单因素方差分析案例

我们以不同拇外翻畸形对足底压力的影响为案例进行分析[2]。这里的影响因素为"拇外翻"，结果为足底压力分布的各变量。影响因素有 3 个水平（normal，mild 和 moderate），足底压力参数有 6 项（MF$_{rel}$，FTI$_{rel}$，PTI$_{rel}$，CA$_{rel}$，DeviationX$_{rel}$，LnV-maxFF）。我们采用单因素方差分析进行分析（One Way ANOVA）。

方差分析结果见表2-8。

表2-8 方差分析结果

		Sun of Squares	df	Mean Square	F	Sig.
MF$_{rel}$	Between Groups	28622.834	2	14311.417	4.619	0.014
	Within Groups	158009.967	51	3098.235		
	Total	186632.801	53			
FTI$_{rel}$	Between Groups	5187.626	2	2593.813	2.666	0.079
	Within Groups	49625.033	51	973.040		
	Total	54812.658	53			
PTI$_{rel}$	Between Groups	622.463	2	311.231	2.514	0.091
	Within Groups	6313.757	51	123.799		
	Total	6936.220	53			
CA$_{rel}$	Between Groups	131.307	2	65.653	7.128	0.002
	Within Groups	469.724	51	9.210		
	Total	601.030	53			
DeviationX$_{rel}$	Between Groups	140.571	2	70.285	0.192	0.826
	Within Groups	18636.154	51	365.415		
	Total	18776.724	53			
LnVmaxFF	Between Groups	0.289	2	0.145	0.859	0.430
	Within Groups	8.422	51	0.168		
	Total	8.711	53			

从表中我们可以看到，在拇指区域（Hallux），MF$_{rel}$和CA$_{rel}$受到拇外翻的影响最大。但是此时并不知道3种拇外翻畸形之间的差异是怎样的，因此我们还需要采用Post HocT-est模型（LSD或Bonferroni）进一步对3种拇外翻之间的差异进行比较分析。表2-9展示了两两比较的差异结果。可以通过显著度数据来获得两两比较的差异是否显著。

表2-9 两两比较的差异结果

Bonferroni

Dependent Variable	(I) group2	(J) group2	Mean Difference (I−J)	Std. Error	Sig.	95% Confidence Interval	
						Lower Bound	Upper Bound
MF$_{rel}$	moderate	mild	−36.38864	21.80132	0.304	−90.3581	17.5808
		normal	−53.30679*	17.56101	0.011	96.7793	−9.8343
	mild	moderate	36.38864	21.80132	0.304	−17.5808	90.3581
		normal	−16.91815	19.90998	1.000	−66.2056	32.3693
	normal	moderate	53.30679*	17.56101	0.011	9.8343	96.7793
		mild	16.91815	19.90998	1.000	−32.3693	66.2056

续表2-9

Dependent Variable	(I) group2	(J) group2	Mean Difference (I−J)	Std. Error	Sig.	95% Confidence Interval Lower Bound	95% Confidence Interval Upper Bound
FTI_rel	moderate	mild	−15.29733	12.21774	0.649	−45.5425	14.9479
	moderate	normal	−22.70273	9.84142	0.075	−47.0653	1.6598
	mild	moderate	15.29733	12.21774	0.649	−14.9479	45.5425
	mild	normal	−7.40540	11.15781	1.000	−35.0267	20.2159
	normal	moderate	22.70273	9.84142	0.075	−1.6598	47.0653
	normal	mild	7.40540	11.15781	1.000	−20.2159	35.0267
PTI_rel	moderate	mild	−7.37134	4.35797	0.291	−18.1596	3.4169
	moderate	normal	−7.46091	3.51036	0.115	−16.1509	1.2290
	mild	moderate	7.37134	4.25797	0.291	−3.4169	18.1596
	mild	normal	−0.08958	3.97990	1.000	−9.9419	9.7627
	normal	moderate	7.46091	3.51036	0.115	−1.2290	16.1509
	normal	mild	0.08958	3.97990	1.000	−9.7627	9.9419
CA_rel	moderate	mild	−1.78000	1.18867	0.421	−4.7226	1.1626
	moderate	normal	−3.58815*	0.95748	0.011	−5.9584	−1.2179
	mild	moderate	1.78000	1.18867	0.421	−1.1626	4.7226
	mild	normal	−1.80815	1.08555	0.306	−4.4954	0.8791
	normal	moderate	3.58815*	0.95748	0.001	1.2179	5.9584

注：* $P<0.05$。

6）多因素方差分析结果

我们以负重对健康儿童下肢运动协调性的影响为例来进行说明[4]。在这个研究中，对于下肢运动协调性的影响是多方面的，既有来自儿童的自身因素，如年龄、性别和体重，也有来自外界的因素，如负重。因此，需要明确哪些因素独立的或是交叉的影响儿童的运动协调性。这时就需要采用多因素方差分析的方法。

多因素方差分析的结果见表2-10。我们可以看到负重对于"膝—踝关节的CRP角度"的影响是不显著的（Load数据的显著度为0.490>0.05），但是这里面包含了许多的不确定性，如体重、年龄的影响，因此我们需要对这两个因素进行限定，并应用协方差的方法进行评价。

表2-10 多因素方差分析结果

Dependent Variable：CRPknee_ankle

Source	Type Ⅲ Sum of Squares	df	Mean Square	F	Sig.
Corrected Model	5827.696ª	5	1165.539	0.885	0.49

Source	Type Ⅲ Sum of Squares	df	Mean Square	F	Sig.
Intercept	92578373.64	1	92578373.64	70256.644	0.000
load	5827.696	5	1165.539		
Error	56345578.24	42760			
Total	148936201.6	42766			
Corrected Total	56351405.94	42765			

注：a. R Squared＝0.000（Adjusted R Squared＝0.000）。

7）协方差分析

通过上述的分析可以看到，不论是单因素方差分析还是多因素方差分析，控制因素都是可控的，其各个水平可以通过人为的努力得到控制和确定。但在许多实际问题中，有些控制因素很难人为控制，它们的不同水平确实对观测变量产生了较为显著的影响。

协方差分析将那些人为很难控制的控制因素作为协变量，并在排除协变量对观测变量影响的条件下，分析控制变量（可控）对观测变量的作用，从而更加准确地对控制因素进行评价。协方差分析仍然沿承方差分析的基本思想，并在分析观测变量变差时，考虑了协变量的影响。人为观测变量的变动受4个方面的影响，即控制变量的独立作用、控制变量的交互作用、协变量的作用和随机因素的作用，并在扣除协变量的影响后，再分析控制变量的影响。

方差分析中的原假设是：

H0：协变量对观测变量的线性影响是不显著的。

H1：在协变量影响扣除的条件下，控制变量各水平下观测变量的总体均值无显著差异，控制变量各水平对观测变量的效应同时为零。

检验统计量仍采用 F 统计量，它们是各均方与随机因素引起的均方比。

在以上儿童负重的案例中[7]，我们可以将体重和年龄作为协方差，从而进一步对负重进行评估。我们可以观察到，"体重×年龄"和"负重×体重×年龄"两个交叉因素对于下肢"膝—踝关节的CRP角度"影响是显著的（$P<0.05$）。

协方差分析的结果见表2－11。

表2－11　协方差分析结果

Dependent Variable：CRPknee＿ankle

Source		Type Ⅲ Sum of Squares	df	Mean Square	F	Sig.
Intercept	Hypothesis	66708091.89	1			
	Error					
load	Hypothesis	5503.660	5	1100.732	0.161	0.947
	Error	7708.747	1.129	6829.358[b]		
boby＿weight	Hypothesis	954933.231	57	16753.215	0.753	0.743
	Error	147018.861	6.611	22237.629[c]		

25

Source		Type Ⅲ Sum of Squares	df	Mean Square	F	Sig.
age	Hypothesis	28533.139	5	5706.628	0.249	0.927
	Error	156162.905	6.814	22917.406[d]		
load×body_weight	Hypothesis	1669722.181	275	6071.717	0.940	0.620
	Error	216097.115	33.470	6456.528[e]		
load×age	Hypothesis	167020.937	25	6680.837	1.032	0.459
	Error	216376.157	33.430	6472.543[f]		
body_weight×age	Hypothesis	162090.534	7	23155.791	3.493	0.007
	Error	219136.494	33.054	6629.623[g]		
load×body_weight×age	Hypothesis	219552.872	33	6653.117	5.325	0.000
	Error	51187377.55	40972	1249.326[h]		

2.7.6　回归分析

回归分析是确定两种或两种以上变量间相互依赖的定量关系的一种统计分析方法。在生物力学中，重点是对观测值的规律进行判断。回归分析研究的主要问题包括以下几个方面：

（1）确定 X 与 Y 之间的定量关系表达式，这种表达式称为回归方程。

（2）对求得的回归方程的可信度进行检验。

（3）判断自变量 X 对因变量 Y 有无影响。

（4）利用所求得的回归方程进行预测和控制。

1）线性回归

线性回归是指两个参数之间的关系呈线性[6]，如年龄和身高、年龄和脚长等。线性回归通常可以先作散点图，然后基于散点图来生成相关的线性回归方程。我们以健康儿童年龄和脚长作说明。回归分析结果见表 2－12。

表 2－12　回归分析结果

指标	值	显著性水平	意义
R^2	0.738		"年龄"解释了73.8％的"脚长"的变化程度
F	276.82	0.001	回归方程的线性关系显著
T	16.64	0.00	回归方程的系数显著

最终，FL 的回归方程为：$FL=136.5+8.8\times age$。

2）多元回归[8]

我们以销量和时间为例进行说明。以下为每周搜集到的女凉鞋的销售量和销售量累计情况（见表2-13），我们需要构建该产品销售的模型。多元回归曲线拟合结果和分析结果分别如图2-5和表2-14所示。

表2-13　原始数据示例

时间（周）	种类	周销量（双）	周销量累计（双）
1	女凉鞋	80	80
2	女凉鞋	510	590
3	女凉鞋	180	770
4	女凉鞋	300	1070
6	女凉鞋	260	1330
7	女凉鞋	310	1640
8	女凉鞋	400	2040
9	女凉鞋	320	2360
10	女凉鞋	160	2520
11	女凉鞋	310	2830
12	女凉鞋	180	3010

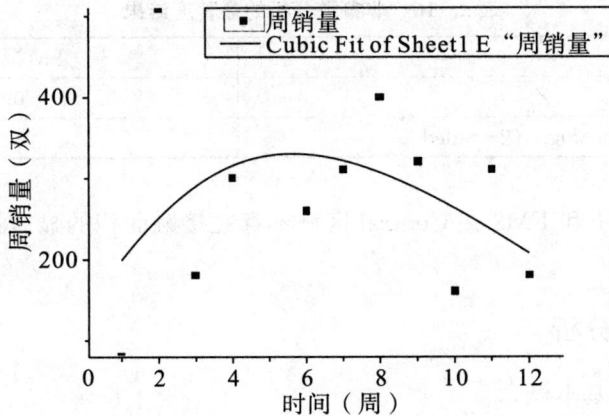

图2-5　多元回归曲线拟合结果

表 2－14　多元回归分析结果

	周销量
Number of Points	11
Degrees of Freedom	7
Reduced Chi－Sqr	17764.57281
Residual Sum of Squares	124352.00965
Adj. R Square	－0.22131
Fit Status	Succeeded（100）

从表中数据可以看出，该多元回归相关性并不高，仅有 0.22。因此，需要考虑采用其他模型来对这些数据进行拟合。

2.7.7　非参数检验

非参数检验用于分析观测值不服从整体分布的情况。非参数检验包括独立样本检验、配对样本检验和方差分析。除了非正态分布的数据，小样本量的数据也通常采用非参数检验。

例如，我们对样本量为 14 的人群采用两种床垫（FM1 和 FM2）进行减压[9]，并采集床垫的压力分布数据，采用非参数的独立样本检验，获得的数据结果见表 2－15 和表 2－16。

表 2－15　非参数分析结果

		N	Mean Rank	Sum of Ranks
FM2－FM1	Negative Ranks	7[a]	6.86	48.00
	Positive Ranks	6[b]	7.17	43.00
	Ties	1[c]		
	Total	14		

注：a. FM2＜FM1。b. FM2＞FM1。c. FM2＝FM1。

表 2－16　非参数分析的显著度结果

	FM2－FM1
Z	－0.175
Asymp. Sig.（2－tailed）	0.861

结果说明，FM1 和 FM2 在 Central 区域不存在接触面积的显著差异（$P＝0.861＞0.05$）。

2.7.8　因子分析

1）因子分析的基本概念

因子分析是一种以提取若干个变量中较少几个具有代表性的共性因子来反映原资料的统计学分析方法。由于原有的各个变量间要存在着一定的相关性，因此，因子分析通常是基于相关分析进行的。

本书采用主成分分析法（principle component factor）进行分析，分析过程如下：

（1）确定待分析的原有若干变量是否适合进行因子分析。

输入原始变量，计算原始变量均值及方差，求得变量间的相关系数矩阵。若相关系数多数未通过检验并且小于 0.3，则因子分析法对相应的若干变量不适用。

此次分析将选取用于分析变量间简单相关系数及偏相关系数的 KMO 检验。KMO 值越靠近 1，则变量间相关性越强，因子分析越适用；反之，KMO 越接近 0，则越不适用。KMO 检验标准做出了相应参考：KMO>0.9，非常适合；0.8<KMO<0.9，适合；0.7<KMO<0.8，一般；0.6<KMO<0.7，不太适合；KMO<0.5，不适合。

（2）构建因子变量。

通过对原始变量组成的坐标系进行平移变换，原始变量作线性变换。求相关系数的特征根（每个公共因子方差）以及相应标准正交特征向量，得出公共因子方差贡献情况。

（3）因子变量的命名解释。

通过对载荷矩阵进行正交旋转，保持坐标轴的正交性，使得每个因子的最大载荷变量数最小，从而使得因子变量的专业解释更加简化。

（4）计算因子变量得分。

确定因子变量后，计算不同因子具体数据值，获得因子变量得分。

2）因子分析案例说明[8]

我们对门店新鞋类产品被关注的数据进行采集，结合鞋类产品的基本开发信息和 ERP 信息，通过因子分析构建出影响鞋类产品关注度的主要因素。鞋款的关注度信息是通过前端对鞋子离开阅读器可感应范围的次数为参照标准，贴有标签的鞋子每离开阅读器可感应范围一次，代表顾客拿起一次。开发信息包括型号代码、面料、风格、款式结构、跟高、跟型、主色调及色彩数量、流行元素。鞋样 ERP 信息主要包括成交价格、销售数量、平均价格。

分析结果如下：

（1）KMO 和 Bartlett 的检验结果。

表 2－17 中，鞋样相关信息的 KMO 值为 0.526，大于 0.5，可以做因子分析。Bartlett 球度检验（Sig.）给出的相伴概率为 0.00，小于显著性水平值 0.05，相关系数矩阵不为单位阵，说明原变量间存在相关关系，因此拒绝 Bartlett 球度检验的零假设，认为适合于因子分析。此次 Bartlett 的球形度检验 Sig.≤0.05（即 $P<0.05$），自由度为 136，说明各变量间具有相关性，因子分析有效。

表 2－17　KMO 和 Bartlett 的检验

总体		
取样足够度的 KMO 度量		0.526
Bartlett 的球形度检验	近似卡方	960.566
	136	df
	0.000	Sig.

（2）解释的总方差结果。

表 2-18 是鞋样所有相关信息因子分析后，经因子提取、旋转得到方差贡献主要因子的结果中提取的 4 个公共因子对所有原始变量的描述。因子变量初始特征值的对应值越大，说明因子越重要，表中"成分 1"的初始特征值最大，由上及下描述因子的方差逐级递减；其方差贡献率也依次减小。提取平方和载入是从初始解中按照一定标准选取的 4 个公共因子后对总原始变量的解释；旋转平方和载入表示的则是正交旋转后所得因子对总原始变量的解释。

表 2-18　总方差解释表

成分	初始特征值			提取平方和载入			旋转平方和载入		
	合计	方差的百分比（%）	累积（%）	合计	方差的百分比（%）	累积（%）	合计	方差的百分比（%）	累积（%）
1	6.124	36.021	36.021	6.124	36.021	36.021	4.637	27.274	27.274
2	2.170	12.763	48.784	2.170	12.763	48.784	3.430	20.178	47.452
3	1.804	10.615	59.399	1.804	10.615	59.399	1.893	11.135	58.587
4	1.389	8.172	67.570	1.389	8.172	67.570	1.527	8.983	67.570

（3）旋转前后因子载荷矩阵结果。

表 2-19 是鞋样相关信息的初始因子载荷矩阵。

表 2-19　初始因子载荷矩阵

	成分			
	1	2	3	4
平均单价	0.926	0.203	0.262	0.019
折扣分组	0.882	−0.180	0.225	−0.068
售价分组	0.881	0.274	0.266	−0.011
销售数量	−0.843	0.145	0.274	−0.063
关注度分组	−0.842	0.330	0.172	0.009
折扣	0.836	−0.169	0.252	−0.128
销售金额	−0.657	0.217	0.390	−0.176
关注度	−0.527	0.281	0.350	0.334
面料分组	0.519	0.263	0.012	0.206
风格分组	−0.113	−0.869	0.108	0.260
原始零售价	0.586	0.601	0.159	0.175

	成分			
	1	2	3	4
跟型分组	0.296	0.504	−0.424	−0.175
颜色分组	−0.195	0.296	−0.541	−0.468
流行元素分组	0.042	0.240	−0.494	0.405
款式分组	−0.084	−0.003	−0.473	0.469
色彩数量	−0.349	0.376	0.440	0.133
跟高分组	−0.036	−0.097	0.014	−0.656

　　表2－20是鞋样相关信息的旋转后因子载荷矩阵,表示初始因子在旋转后的百分率占比。变量的数值大于0.5,同时旋转前后变量值变化较小的即是主要变量。第1因子主要包含平均单价、折扣和原始零售价,命名为价格因子。第4因子有1个因子,即款式分组,命名为外型因子。第2、3因子不能提取主要变量。因此,总体消费者因子分析最后得到2个因子,分别是价格因子和外观因子。

表2－20　旋转后因子载荷矩阵

	成分			
	1	2	3	4
平均单价	0.933	−0.292	0.009	−0.105
售价分组	0.922	−0.230	0.070	−0.120
原始零售价	0.809	0.108	0.265	0.154
折扣分组	0.712	−0.518	−0.200	−0.224
折扣	0.679	−0.482	−0.179	−0.285
面料分组	0.566	−0.113	0.089	0.200
关注度分组	−0.473	0.781	0.124	−0.007
关注度	−0.109	0.729	−0.154	0.156
销售数量	−0.522	0.717	−0.025	−0.152
销售金额	−0.318	0.687	0.020	−0.299
色彩数量	0.071	0.683	−0.036	−0.046
风格分组	−0.352	−0.305	−0.794	0.014
颜色分组	−0.337	−0.108	0.714	−0.054

	成分			
	1	2	3	4
跟型分组	0.242	−0.161	0.666	0.156
款式分组	−0.169	−0.110	0.024	0.639
流行元素分组	0.010	−0.074	0.239	0.636
跟高分组	−0.183	−0.160	0.235	−0.571

通过对鞋样相关信息的因子分析，从已有的变量降维到现有的 2 个因子，能更加直观地反映出鞋样信息，所以价格和外观对鞋样信息的相关关系具有很强的影响力。

2.7.9　聚类分析

聚类分析（cluster analysis）是根据事物本身特性研究个体分类的方法。在市场研究领域，聚类分析主要应用在明确目标消费群体、划分细分市场、进一步描述各细分市场特征、便于有针对性地筹划市场营销策略。

利用上述因子分析的得分进一步进行聚类分析，最终将鞋样相关信息分为三类利用 Graph 功能作散点图，图 2-6 为聚类为三类因子的聚点图结果。比较分为三类的结果，类号为 1 的区域有 6 个款，说明它们是属于两个因子得分均较低的一类；类号为 2 的最多，说明因子得分 1（FAC1 3）比较高，而因子得分 2（FAC2 3）较低；散点图中鞋样类号为 3 的仅两个款号，是两个因子得分均较高的一类。

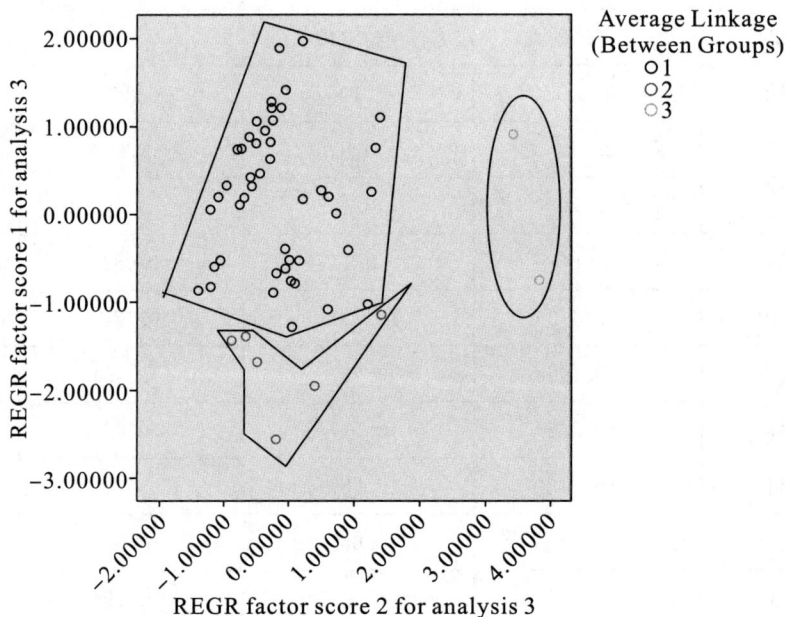

图 2-6　聚类为三类因子的聚点图结果

2.8　统计学图形绘制

2.8.1　散点图

散点图表示因变量随自变量而变化的大致趋势，据此可以选择合适的函数对数据点进行拟合，如图 2-7 所示。

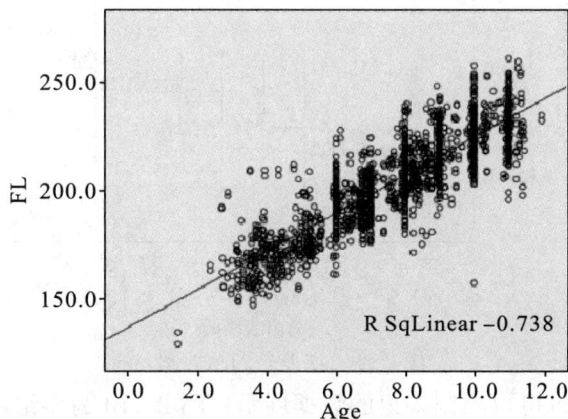

图 2-7　散点图示意图

依据散点图的趋势来做适当的拟合分析。

此外，散点图还可以绘制多参数同时展示的示意图。图 2-8 为多组散点图示意图。

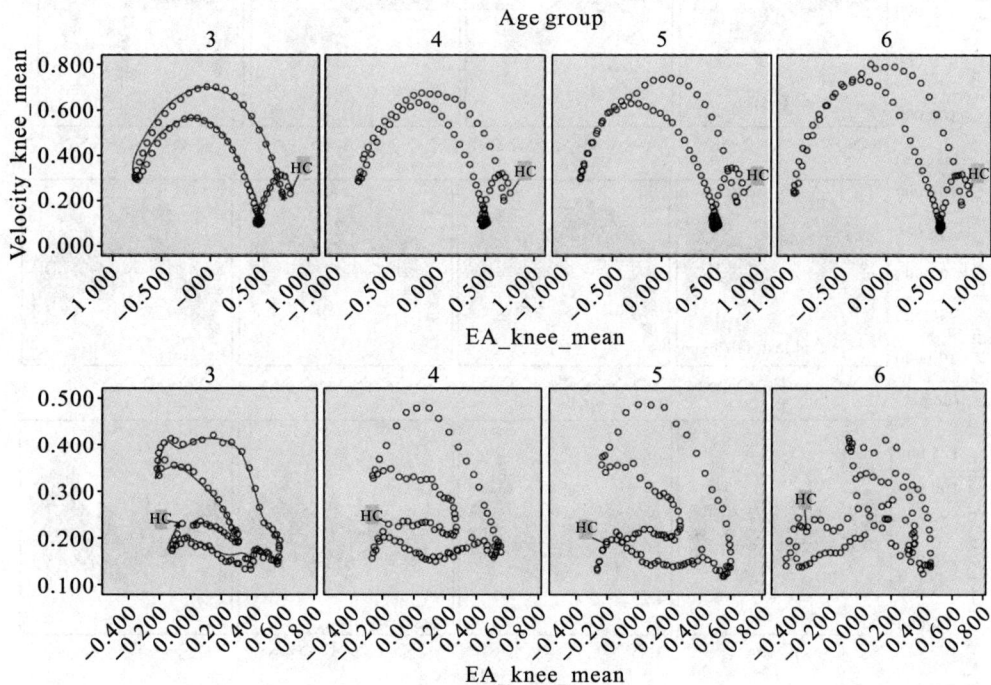

图 2-8　多组散点图示意图

33

2.8.2 误差条图

误差条图通常包含±标准差（SD），用来表示数据覆盖的区域，通常有±1SD，±2SD和3SD。图2-9为脚长和年龄的折线图，图中同时包含了±1SD的范围。

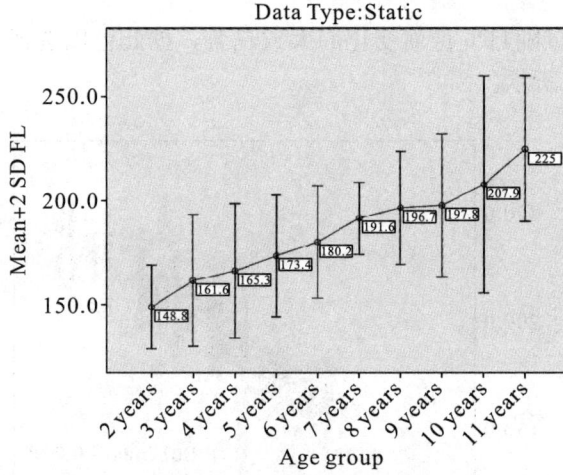

图2-9 误差条图示意图

此外，误差条图也可以绘制多组的数据展示。图2-10为多组误差条图示意图。

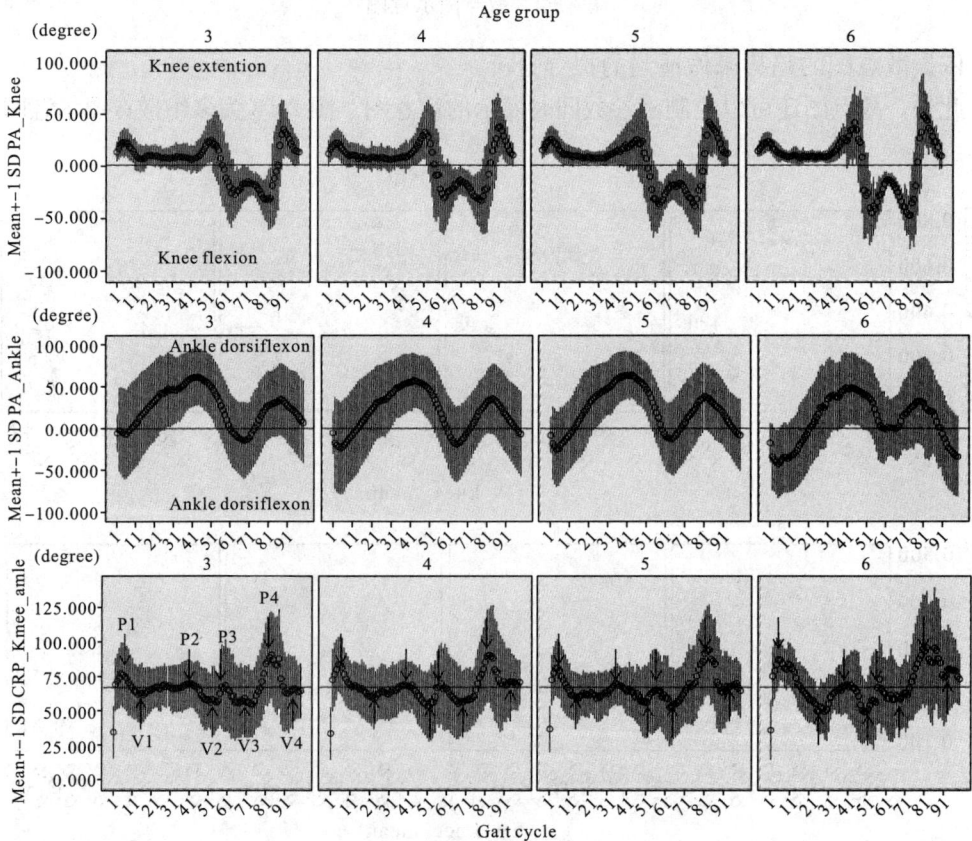

图2-10 多组误差条图示意图

2.8.3 雷达图

雷达图通常用来表达多参数的展示。例如，采用试穿法来对不同跟高和硬度的鞋进行评估，针对前掌、腰窝、后跟以及整体的舒适度得分可以采用雷达图的方式来表示[10]，如图 2-11 所示。

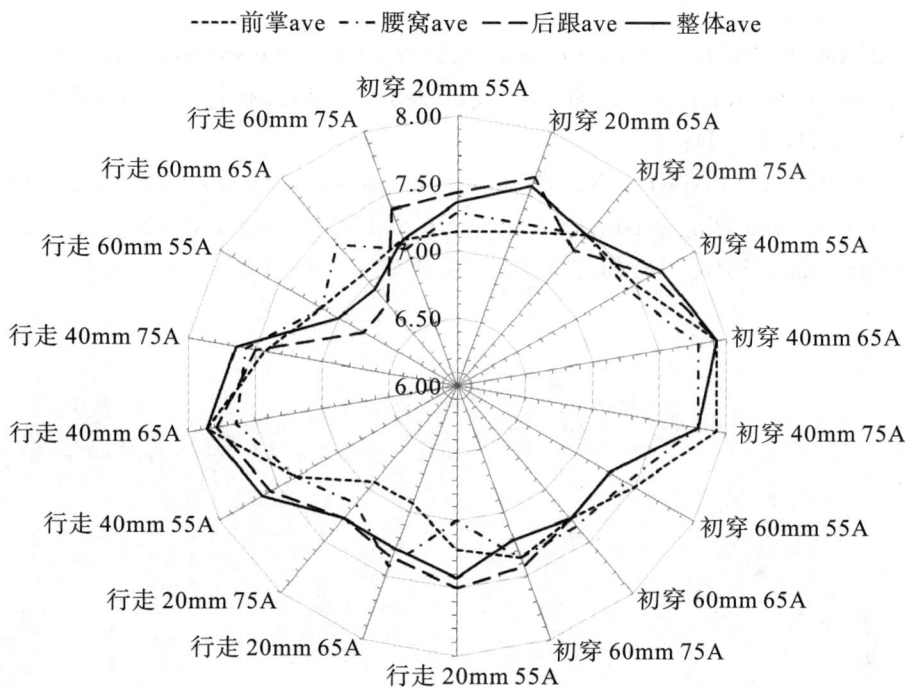

图 2-11　雷达图示意图

注：A 为邵氏硬度单位。

参考文献

[1] 孟凯宁，冯雨果，徐波，等. 基于德尔菲法的儿童鞋安全性评价指标体系 [J]. 中国皮革，2016，45（4）：42-46.

[2] ZHOU J，XU B，CHEN W. Influence of hallux valgus deformity on forefoot pressure distribution of Chinese diabetic patients [J]. International Journal of Diabetes in Developing Countries，2015，35（2）：129-134.

[3] KIRTLEY C. Clinical Gait Analysis [M]. New York：Churchill liuing stone，2006.

[4] HU M，ZHOU N，XU B，et al. Quantifying intra-limb coordination in walking of healthy children aged three to six [J]. Gait & Posture，2016（50）：82-88.

[5] ANNE BRIT SORSDAHL，ROIF MOE-NILSSEN，LIV INGER STRAND. Test-retest reliability of spatial and temporal gait parameters in children with cerebral palsy as measured by an electronic walkway [J]. Gait Posture，2008（27）：43-50.

［6］周晋. 中国健康儿童足部生物力学研究与儿童机能鞋设计［D］. 成都：四川大学，2013.

［7］周南，闫晶，周晋，等. 不同书包负重对小学生身体姿势的影响［J］. 中国皮革，2016，45（2）：69－73.

［8］周晋. 线下鞋类零售门店智能数据采集系统设计及实证研究［D］. 成都：四川大学，2017.

［9］ZHOU J，XU B，TANG Q，et al. Application of the sheepskin mattress in clinical care for pressure relieving：A quantitative experimental evaluation［J］. Applied Nursing Research Anr，2014，27（1）：47.

［10］SONG Y，FAN H，XU B，et al. Influence of treads groove，hardness and contaminants on the slip resistance of outsole of high－heeled shoes［J］. Leather & Footwear Journal，2016，16（3）：199－210.

3 分析流程

3.1 实验设计

3.1.1 实验设计的基本方法

现有的研究主要基于纵向法（longitudinal）和横向法（cross－sectional）进行采集和分析[1]。其中，纵向研究主要针对个体进行长期的跟踪调查，而横向研究的特点是具有较大的样本量和较为广泛的研究范围。

下面通过两个研究实例对纵向法和横向法进行详细阐述。

纵向研究中具有代表性的是 Bosch[2]等系统地对 13 个月（开始独立行走）至 128 个月（足部基本发育完成）的儿童的足底压力分布进行了采集和分析，并且依据所研究的儿童样本建立了足底压力分布的相对标准模型；类似的还有 Hallemans[3]指出的结构和功能所发生的显著变化。尽管这些纵向研究提供了较为可靠的结果，并极大地排除了由于个体之间的差异对结果造成的影响，但是样本量的不足是以上方法的最大局限。

与纵向研究相对应的是横向研究，由于横向研究较大样本量和较广泛年龄范围的特点，此类研究能够更好地反映目标儿童发育的特点和规律。例如，Alvarez[4]研究了 146 名年龄从 1.6 岁至 14.9 岁的儿童足底压力分布特点；类似地，Henning[5]测试了 125 名年龄从 6 岁至 10 岁的儿童足底压力分布数据，并且将儿童的数据同成年人的对照数据进行了比较。横向研究能够通过大样本来消除不同年龄个体间发育多样性的误差，从而形成一系列具有代表性的数据规律。

3.1.2 实验设计的主要内容

实验设计是开展实验前必要的准备工作，是实验顺利开展的保证。实验设计必须包括以下几个方面的内容：实验研究的背景、实验研究的目的、实验研究的流程、数据分析的方法、预期得到的结果。

1) 实验研究的背景

背景调查是开展实验研究的前提，在动手开始实验之前有必要对过往的研究进行搜集和回顾，以了解当前研究的趋势以及已经解决的问题和面临的挑战。因此，在该阶段，务必要明确以下几方面的问题：

(1) 关于此研究的报道有哪些？

(2) 当前研究的主要结论有哪些？

(3) 这些研究有哪些值得我们借鉴？又存在哪些不足？

(4) 我们的研究能起到多大程度的补充？

(5) 我们研究的意义是什么？

基于以上的关注点，我们将举下面的案例进行具体说明（儿童运动发育规律研究）：

首先，我们从 5 个方面对国内外有关儿童发育的研究进行了综述：儿童发育的研究方法、儿童发育的运动学问题、儿童发育的动力学问题、儿童发育的协调性问题、儿童发育过程中的影响因素评价。同时分别提出了以上几个方面存在的问题：

在研究方法方面，相较于跟踪数年的纵向研究，横向研究的可操作性更强。

在运动学方面，现有的这些报道并未对不同年龄阶段的儿童在着地期 3 个滚动周期内的运动时空参数的特点和规律进行聚焦。

在动力学方面，随着儿童年龄的增加，身体骨骼肌肉飞速发育，这不仅导致了足底压力分布机制发生了显著的变化，而且导致了儿童平衡能力的逐步提高。然而，目前针对儿童足底压力分布转移的机制缺乏定量的算法和基于该算法的相关研究报道。

在协调性方面，足部是由 26 块骨骼、多条韧带及肌腱和脂肪垫等组织构成的复杂结构体，在足部运动的 3 个关键时期即后跟触地、后跟离地和脚趾离地中都涉及了膝、踝、跖趾等多个关节，如膝关节的屈膝和伸展，脚踝的背屈跖屈、内翻外翻和内旋外旋，跖趾关节的背屈跖屈，以及膝关节、踝关节和跖趾关节的结合运动。此外，儿童动作协调能力的早期发展对运动技能的学习与个体身心发展具有全面而深刻的影响。但是，目前并没有采用三维动作捕捉的方法对儿童下肢膝、踝、跖趾关节协调性进行研究的相关报道。

在影响因素方面，现有的报道仅从一个方面对儿童发育的影响进行了报道，缺乏系统性的评价，即研究年龄、体重和性别对步态、平衡、协调性的影响。此外，针对这 3 种因素对儿童不同运动情况的影响，如正常行走、倒走、闭眼走和跨越障碍，现有的研究也缺乏相关数据支持。

然后，提出了研究的要点和重要的补充：本研究首先聚焦于 2～6 岁健康儿童行走的步态机制和下肢协调性的具体问题，然后采用动力学和运动学的方法来定量研究正走、倒走、闭眼走和跨越障碍走 4 种运动的步态机制的特点，并引入足底压力转移算法来绘制不同年龄阶段儿童足底压力的转移路线图；同时，通过协调性分析的数学模型来评价行走时下肢各部位之间的协调程度；最后在本研究中，我们系统性地评价年龄、性别、体重 3 种主要因素对于不同运动状态的步态机制和协调性的影响。

最后，明确了研究的科学意义：2～6 岁是儿童动作与心理发展的重要阶段，运动能力发育的好坏对儿童运动系统、内分泌系统与神经系统的协同作用至关重要。儿童的运动能力是由"神经—肌肉—骨骼"的机制所决定的；然而，"神经—肌肉—骨骼"的机制通常不能够被直接观测，而需要借助由"神经—肌肉—骨骼"的机制所产生的结果，即通过对运动动作反馈的研究来间接证实"神经—肌肉—骨骼"的特点和规律。因此，对运动动作的完成度和流畅度进行评价成为研究发育问题的重点。在本研究中，我们重点着眼于步态的着地期，采用动力学和运动学的方法来定量研究正走、倒走、闭眼走和跨越障碍走 4 种运动步态机制的特点，并引入足底压力转移算法绘制了不同年龄阶段儿童足底压力的转移路线图；同时，通过协调性分析的数学模型评价了行走时下肢各部位之间的协调程度；最后在本研究中，我们系统性的评价了年龄、性别、体重 3 种主要因素对于不同运动状态的步态机制和协调性的影响。通过以上 4 方面的对儿童行走的步态特点和下肢协调性的系统研究，能够定量地评价动作的完成度和流畅度，从而最终阐明儿童"神经—肌肉—骨骼"运行机制的特点和规律，并为儿童发育迟缓评价、脑瘫儿童治疗和康复提供理论基础。

2）实验研究的目的

在开展研究之前，明确目标尤为关键。在该阶段，非常有必要回答以下几个问题：

（1）研究目的是否具有可行性？

（2）研究目的是否紧密围绕主题？

（3）研究目的是否具有代表性？

以"健康儿童运动发育研究"为例，主要研究内容如下：①研究 500 名 2~6 岁健康儿童行走的步态机制和下肢协调性的特点；②对这些样本正常行走、倒走、跨越障碍和闭眼行走 4 种步态机制和下肢协调性的差异进行研究；③评价性别、年龄和体重 3 种因素对 2~6 岁健康儿童行走的机制和协调性的影响；④对 2~6 岁健康儿童运动的"神经—肌肉—骨骼"的机制进行探讨。

细化研究的内容如下：

（1）研究 500 名 2~6 岁健康儿童行走的步态机制和下肢协调性的特点。

①在广东广州地区招募 400 名 2~6 岁健康儿童，样本不考虑民族和籍贯差异，将样本按照年龄的不同分为 5 个年龄组，每组样本量为 80 例；同时，还需要分别依据儿童不同年龄阶段 BMI 的标准，每个年龄段分别招募 10 名体重偏轻和 10 名体重偏重儿童，总计 500 名儿童参与本项目的研究。采用压电式足底压力采集系统和三维动作捕捉系统对每位受试者进行运动学和动力学数据进行采集。

②动力学的研究：足部是人体与地面接触的唯一身体部位，人体在运动的过程中在足底产生了一对作用力与反作用力，且这对力是沿着步态的轨迹行进，在足底产生了具有一定特点和规律的分布。运用着地期数据，分别划分出 5 个步态周期，即后跟触地期、前掌触地期、全掌触地期、后跟离地期、脚趾离地期，进而划分出步态机制的 3 个滚动阶段，即以后跟为支点的滚动阶段、以踝关节为支点的滚动阶段和以跖趾关节为支点的滚动阶段。动力学方面的研究首先需要对不同年龄阶段儿童足底各区域的压强、冲量和接触面积 3 个参数的差异进行比较，进而绘制随着年龄的增加足底压力分布参数的变化特点；其次，对不同年龄儿童在 3 个步态周期内的差异进行分析；最后，引入足底压力转移算法，探讨随着年龄的增加，样本儿童足底压力的转移机制和特点，并绘制随着年龄的增加足底压力转移的路线图，从而揭示足部骨骼和肌肉在儿童发育中所发生的显著变化。

③在运动学方面，首先对步长、步宽和步频参数，下肢髋关节、膝关节、踝关节、跖趾关节部位的关键点的运动轨迹和速度进行数据整理；其次，对不同年龄儿童关节之间髋—膝、膝—踝、踝—跖趾的欧拉角度等参数的差异进行分析；最后，分别对儿童运动时—空参数在着地期的3个关键阶段内的关键点的运动及关键部位间角度变化随年龄增加的特点和规律进行研究，从而揭示儿童随着年龄的增加和步态机制的发展历程。

④运动平衡的研究：平衡能力的掌握涉及儿童中枢神经的发育和身体肌骨系统的完善，本研究分别对不同年龄儿童运动平衡中足底压力中心（Centre Of Pressure，COP）和身体质量中心（Centre Of Mass，COM）的运动幅度、速度和距离这3个参数的差异进行分析；同时结合 COP 和 COM 之间的角度来对儿童运动平衡的发育进行补充。

⑤运动协调性的研究：基于运动时—空参数，运用连续时相法的数学模型建立下肢膝关节、踝关节和跖趾关节在运动中的协调性关系[6]，并重点对不同年龄阶段协调性的发育进行分析；同时，需要对不同年龄儿童运动时—空参数在着地期的3个关键阶段的差异进行比较。

（2）行走、倒走、跨越障碍和闭眼行走步态和协调性的特点和差异。

①对广东广州地区招募的 500 名 2～6 岁健康儿童采用压电式足底压力采集系统和三维动作捕捉系统采集正常行走、倒走、跨越障碍和闭眼行走的步态数据。

②不同运动状态动力学的差异：采用单因素方差分析，对正常行走、倒走、跨越障碍和闭眼行走的步态机制的3个滚动阶段的足底压力、冲量和接触面积3个参数差异进行分析，从而阐明不同运动状态的动力学差异。

③不同运动状态运动学的差异：采用单因素方差分析，对不同年龄段儿童正常行走、倒走、跨越障碍和闭眼行走的步长、步宽和步频参数，下肢髋关节、膝关节、踝关节、跖趾关节部位关键点的运动轨迹、速度和加速度，以及髋—膝、膝—踝、踝—跖趾的欧拉角度和角速度等参数进行比较分析，从而阐明不同运动状态的运动学差异。

④不同运动状态运动平衡的差异：采用配对样本检验，对不同年龄段儿童正常行走—倒走、正常行走—闭眼行走、正常行走—跨越障碍 3 组运动的 COP、COM 和 COP—COM 关键参数进行比较分析，从而阐明不同运动状态运动平衡的差异。

⑤不同运动状态运动协调性的差异：采用单因素方差分析，对不同年龄段儿童正常行走、倒走、跨越障碍和闭眼行走的步态机制的 3 个滚动阶段下肢的协调性参数进行差异分析，从而阐明不同运动状态运动协调性的差异。

（3）性别、年龄和体重对不同测试状态的着地期步态机制和协调性的影响评估。

①性别、年龄和体重对行走的步态机制和下肢协调性的影响：运用独立样本检验对不同性别受试者的动力学、运动学和协调性参数进行比较分析，运用单因素方差分析对不同年龄和不同体重分组的动力学、运动学和协调性参数进行比较分析。

②性别、年龄和体重的交叉影响分析：运用多因素样本检验模型对性别—年龄、性别—体重、年龄—体重以及性别—年龄—体重因素对受试者的动力学、运动学和协调性参数的影响进行评估。

（4）研究总结。

结合以上 3 个方面的研究结果，总结出正常儿童运动"神经—肌肉—骨骼"机制的运行特点，进一步阐释其对儿童不同步态行为的指导，以及儿童发育中的影响因素对该体系的影响。

3）实验研究的流程

实验流程的设计就是梳理实验的思路，明确主干任务和枝干任务，把握好实验的重点任务和时间计划。同时，实验的流程也是对采用的主要方法的总结。在该部分需要明确的内容有以下几个方面：

（1）研究的整体流程。

图 3-1 为中国健康儿童足部生物力学研究及健康鞋设计流程图。

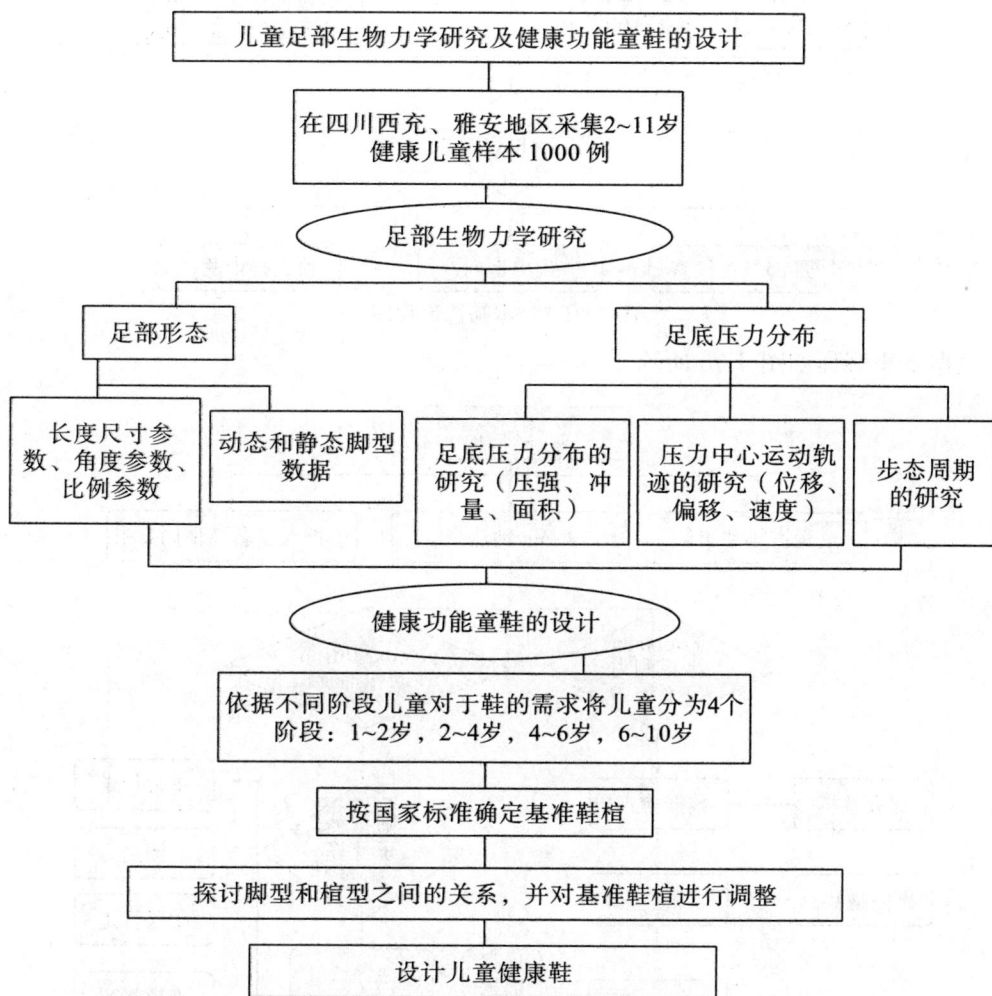

图 3-1　中国健康儿童足部生物力学研究及健康鞋设计流程图

（2）数据采集的流程。

样本筛选流程如图 3-2 所示。

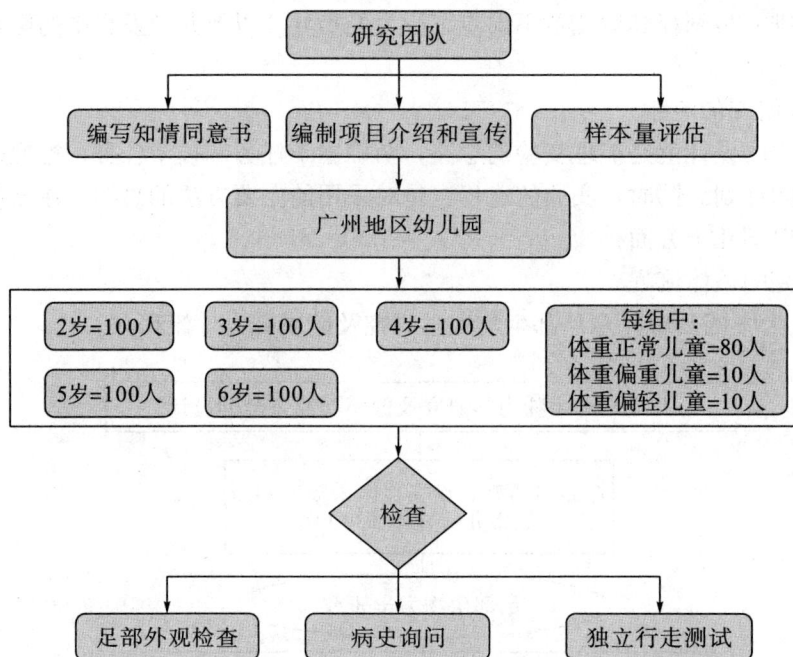

图 3—2　样本筛选流程图

数据采集流程如图 3—3 所示。

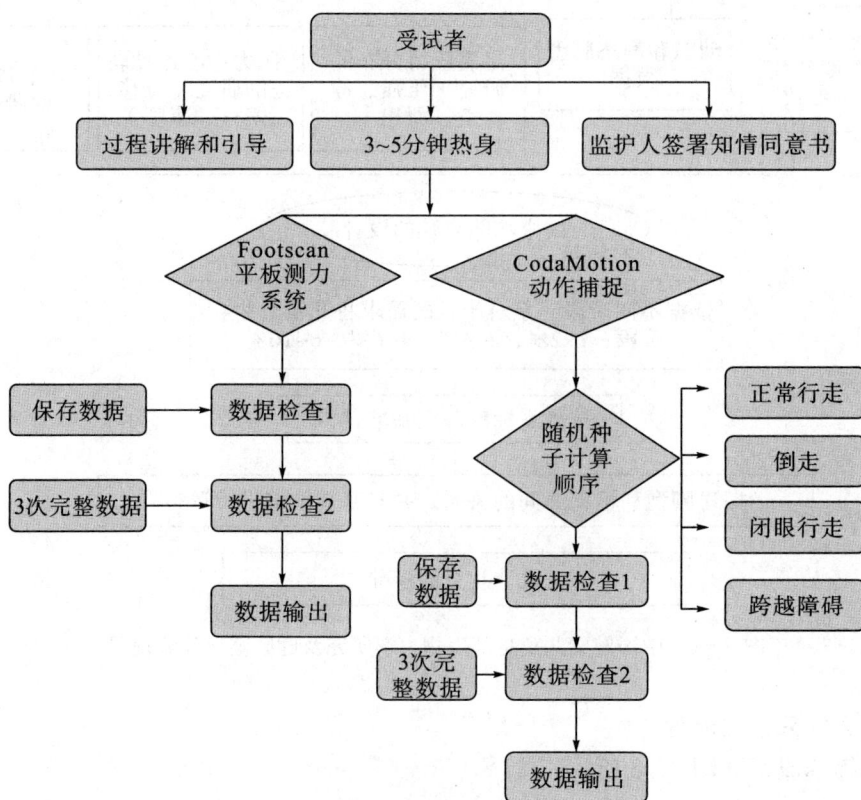

图 3—3　数据采集流程图

（3）数据分析的流程。

数据处理和统计学分析流程如图 3-4 所示。

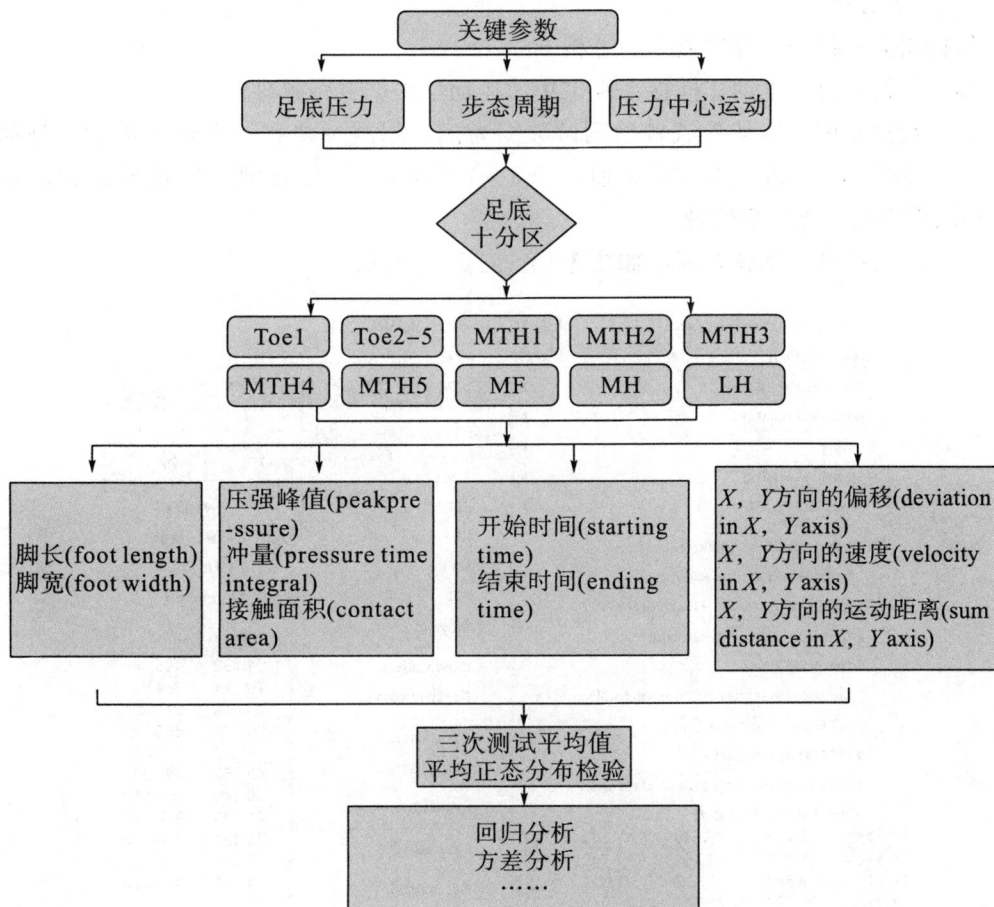

图 3-4　数据处理和统计学分析流程图

3.2　数据分析方法

3.2.1　数据预处理方法

数据分析方法主要包括数据获取、数据导出、数据整理、数据处理、数据分析 5 个部分。

1）数据获取

数据获取是指采用专用的实验设备获取的运动生物力学的数据。

2）数据导出

数据导出是指将设备获取的数据导出为通用的文档，如 txt、excel 等，以备后续使用。

3）数据整理

数据整理是指对导出的数据进行汇总和整理。

4）数据处理

数据处理是指针对原始数据进行进一步处理，如求取平均值、归一化处理等。

5）数据分析

依据研究的目的，开展数据的分析。

案例分析：对三维动作捕捉系统采集的运动学数据进行整理。

（1）数据整理。以某受试者的测试数据为例，测试一共有三个步态周期，分别是 1.233～2.285 s，2.286～3.355 s 和 3.265～4.341 s。同时分别提取这些数据，并在 Origin软件中进行进一步处理。

（2）对数据进行滤波处理，如图 3-5～图 3-7 所示。

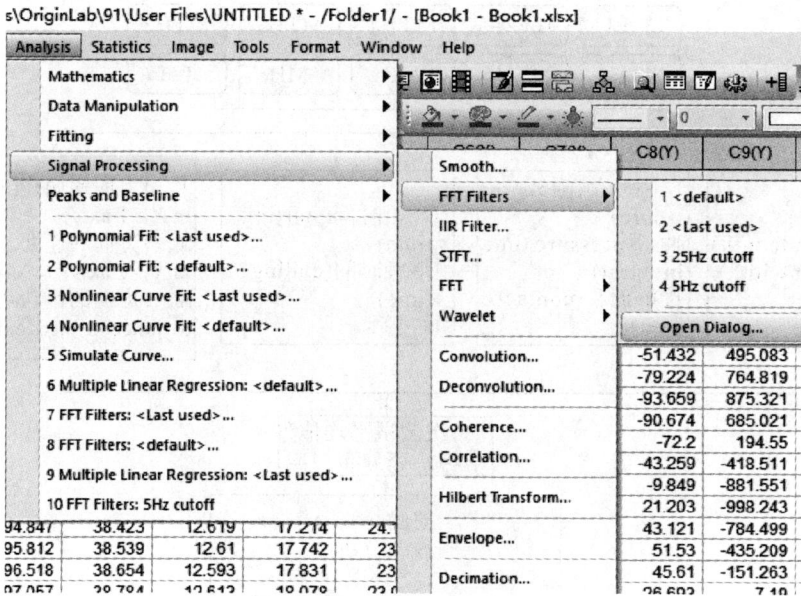

图 3-5　滤波选项

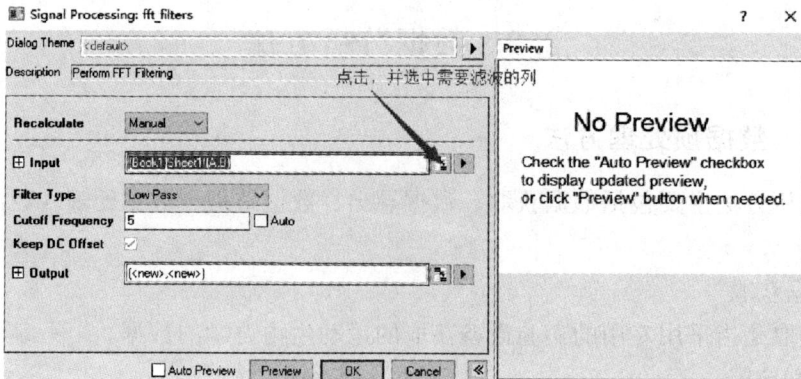

图 3-6　滤波范围选择

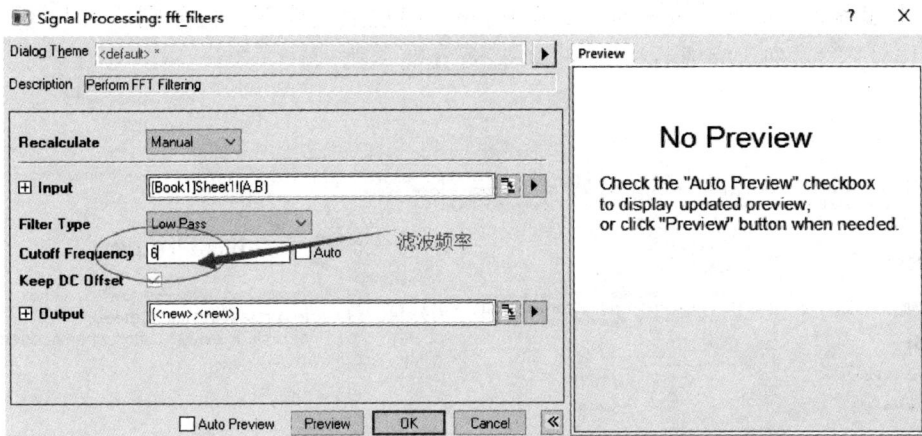

图 3−7　滤波频率设置

（3）滤波得到的数据。双击调整小数点位数，得到所有列的滤波处理（批处理）。左键点击绿色加号，出现"repeat this for all your columes"提示命令。

（4）差值拟合。对数据进行差值拟合，并得到 100 个点的数据，如图 3−8 和图 3−9所示。

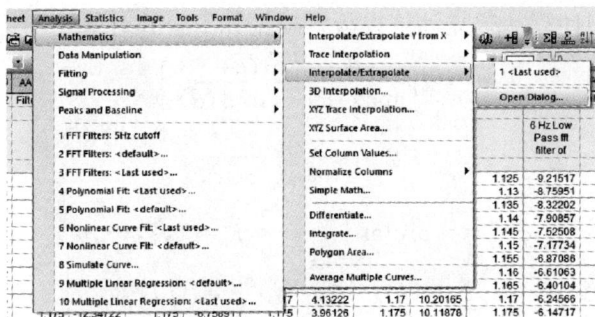

图 3−8　差值拟合选项

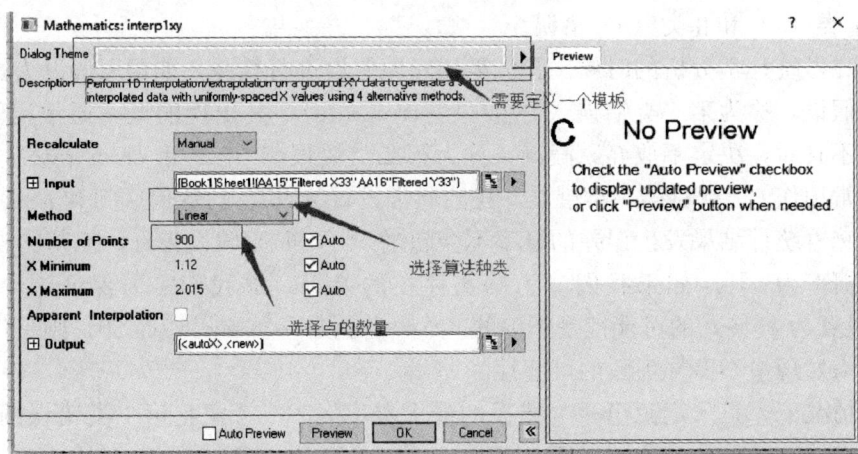

图 3−9　差值拟合参数设置界面

点击如图 3-10 所示的按键，设置 Input。出现上述界面，再分别点击 D（Y2）列和 AA16（Y33）列，完成后按图 3-10 设置其他参数。

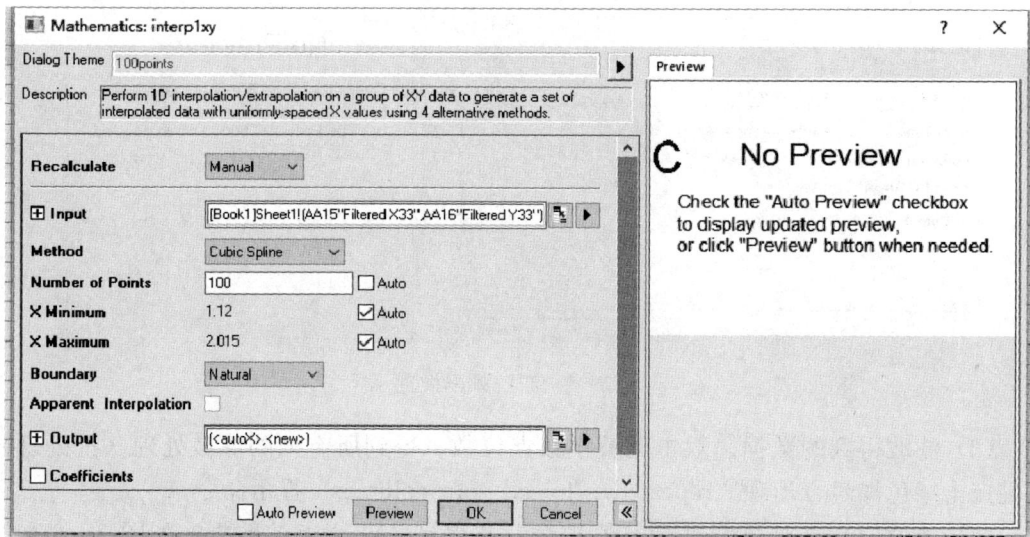

图 3-10　Origin 差值拟合参数设置方法

（5）协调性模型计算。建立计算模板，根据如下公式计算：

$$\bar{\theta} = 2\left[\frac{\theta - \min(\theta)}{\max(\theta) - \min(\theta)}\right] - 1 \qquad (3-1)$$

$$\bar{\omega} = \frac{\omega}{\max(|\omega|)} \qquad (3-2)$$

$$\varphi(i) = \arctan\left[\frac{\bar{\omega}(i)}{\bar{\theta}(i)}\right], i = 1, 2, \cdots, n \qquad (3-3)$$

$$\theta_{CRP}(i) = |\varphi_1(i) - \varphi_2(i)| \qquad (3-4)$$

3.2.2　样本量估计

1）Ⅰ类（α）和Ⅱ类（β）错误

通常在做统计学分析的时候，我们需要对原假设进行检验，如果原假设为真时，决定放弃原假设，称为第一类错误（Type Ⅰ error rate），其出现的概率通常记作 α；如果原假设不真时，决定不放弃原假设，称为第二类错误（Type Ⅱ error rate），其出现的概率通常记作 β。针对第一类错误，我们通常设置为 95% 的置信区间和 α＝0.05，这个比例意味着统计结果发生误差的概率不会超过 5%，即原假设为真，但却错误的放弃原假设的概率为 5%。如果我们认为确实存在的差异，那我们需要保证 80%（如果 Type Ⅱ 设置为 80%）的可能性是正确的（80% 称为 effect size）；而 20% 则是作为第二类错误作为发现最小差异失败的可能性。

通常情况下，只限定犯第一类错误的最大概率 α，不考虑犯第二类错误的概率 β。这样的假设检验又称为显著性检验，概率 α 称为显著性水平。最常用的 α 值有 0.01、0.05、0.10 等。一般情况下，根据研究的问题，如果放弃真假设损失大，为减少这类错误，α 可取偏小的值，反之亦然。

2）样本量计算的前提

我们在做生物力学研究前，首先需要明确有多少组数据（比如受试组 VS 对照组）；然后可以通过前期的预实验或是文献数据资料检索，来确定样本某一重要参数的容许误差。误差要求越小，所对应的样本量越大。此外，设定Ⅰ类（α）和Ⅱ类（β）错误的值，α 越小或是 β 越大，则需要的样本量也越大。

3）横向研究样本量计算

当 Type Ⅰ errors 和 Type Ⅱ errors（第一类错误和第二类错误）分别为 5%、20% 时，总样本数 $N = 32/ES^2$，ES 为最小差异值。样本量的计算可以采用分析软件 G*Power来自动计算，但需要根据研究的目标进行设置相应的数值。G*Power 的分析需要提供明确的统计学分析模型，设置准确的 effect size、α 和 β 值，如图 3−11 所示。

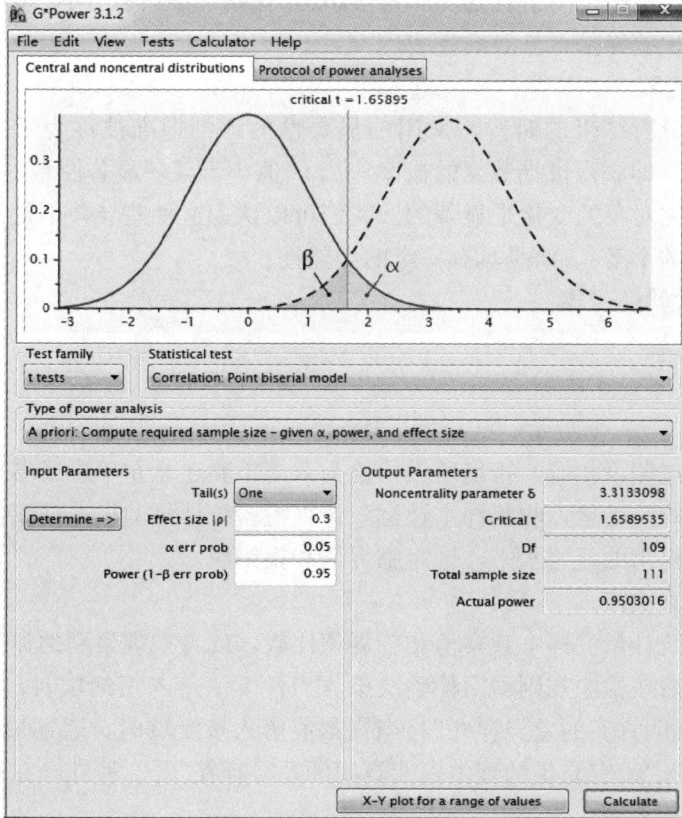

图 3−11　G*Power 软件界面

3.3　值和显著水平

3.3.1　显著度水平

显著性水平是估计总体参数落在某一区间内，可能犯错误的概率，用 α 表示（第一类错误）。显著水平不是一个固定不变的数字，其值越大，原假设被拒绝的可能性就越大，原假设为真而被否定的风险也就越大。显著性水平应根据所研究的性质和我们对结论准确性所持的要求而定。

3.3.2　显著性检验

显著性检验是指样本统计量和假设的总体参数之间的显著性差异。显著性是对差异的程度而言的，程度不同说明引起变动的原因不同：一类是条件差异，另一类是随机差异。显著性差异就是实际样本统计量的取值和假设的总体参数的差异超过了通常的偶然因素的作用范围，表明还有系统性的因素发生作用，因而就可以否定某种条件不起作用的假设。

常把一个要检验的假设记作 H0，称为零假设（null hypothesis）；与 H0 对立的假设记作 H1，称为备选假设（alternative hypothesis）。如果实验分析得到的数据 P 值小于显著水平，那么则拒绝零假设，而接受备选假设；如数据 P 值大于显著水平，则接受零假设。显著性检验是用于观察实验处理组与对照组或两种不同处理的效应之间是否有差异，以及这种差异是否显著的方法。

1）P 值的概念

我们在报道分析结果的时候，采用的显著性的评判标准被称为 P 值。通俗地讲，P 值就是可能性，即获得极端数据的概率。当 P 值小于某一显著性水平（通常为 0.05）时，说明我们研究对象的变化是显著的。我们可以认为这种差异并不是偶然的（说明差异并非属于极端的个案），而是具有一定的必然性。

2）显著性检验的步骤

（1）提出假设。

H0：_____

H1：_____

同时，与备选假设相应，指出所做检验为双尾检验还是左单尾或右单尾检.

（2）构造检验统计量，收集样本数据，计算检验统计量的样本观察值。

（3）根据所提出的显著水平，确定临界值和拒绝域。

（4）做出检验决策。

首先把检验统计量的样本观察值和临界值比较，或者把观察到的显著水平与显著水平标准比较；然后按检验规则做出检验决策。当样本值落入拒绝域时，表述成："拒绝原假设""显著表明真实的差异存在"；当样本值落入接受域时，表述成："没有充足的理由拒绝原假设""没有充足的理由表明真实的差异存在"[7]。另外，在表述结论之后应当注明所用的显著水平。

3.3.3　置信区间（confidence interval）

置信区间代表真实值的范围，但并不是指当前测试结果的，而是针对下一次实验的值，即下一次测试获得真实值的范围及可能性。例如 95％的置信区间为（0，1），那说明下一次实验获得的值在（0，1）范围内的可能性是 95％。$1-\alpha$ 为置信度或置信水平，其表明了区间估计的可靠性（如 $\alpha=0.05$，$1-\alpha=0.95$）。置信区间并不是一个真实的数值或一个标准的偏差。置信区间越宽，则精确度越差，反之亦然。

3.4 实验伦理道德

3.4.1 实验过程中所需要遵循的伦理道德的要求

在我们的实验过程中，往往需要在受试者身上采集所需的数据。这种在人（病人或健康人）身上进行的以取得实验者所需资料的实验称为人体实验。根据国际上通行的《纽伦堡法典》和《赫尔辛基宣言》，人体实验必须遵循以下道德原则[7]。

（1）正当目的原则：实验必须有利于医学和社会的发展。这一原则要求人体实验的目的必须正确而明晰，即人体实验的目的只能是研究人体的生理机制，探索疾病的病因和发病机制，改进疾病的诊疗、预防和护理措施等，以利于提高人类健康水平以及促进医学科学和整个社会的发展。

（2）知情同意原则：受试者享有知情同意权，知情同意是人体实验进行的前提。凡是采取欺骗、强迫、经济诱惑等手段使受试者接受的人体实验，都是违背道德或法律的行为。这一原则要求如下：

首先，必须保证受试者真实、充分地知情，即实验者必须将实验的目的、方法、预期的好处、潜在的危险等信息告知受试者或其代理人，让其理解，并回答对方的质疑；在知情的基础上，受试者表示自愿同意参加并履行书面的承诺手续后，才能在其身体上进行人体实验。如果受试者缺乏或丧失知情同意能力，则由其家属、监护人或代理人代替行使知情同意权。

其次，正在参与人体实验的受试者，尽管他已经知情同意，但仍享有不需要陈述任何理由而随时退出人体实验的权利；若退出的受试者是病人，则不能因此而影响其正常的治疗和护理。

（3）维护受试者利益的原则：维护受试者的利益是指在人体实验中要保障受试者的身心安全。这一原则要求如下：

首先，必须以动物实验为基础，在获得了充分的科学根据并且确认对动物无明显毒害作用以后，才可以在人体上进行实验。

其次，在人体实验的全过程中要有充分的安全防护措施，一旦在实验中出现了严重危害受试者利益的情况，无论实验多么重要，都要立即停止，并采取有效措施使受试者身心受到的不良影响降低到最低限度。

最后，人体实验必须有医学研究的专家或临床经验丰富的专家共同参与或在其指导下进行，并且运用安全性最优的途径和方法。

（4）科学性原则：严谨是科研道德的基本原则，人体试验更强调严谨的科学态度。这一原则要求如下：

首先，人体实验的全过程都必须遵循医学科学研究的原理，采用实验对照和双盲的方法，以确保实验结果的科学性，经得起重复的验证。

其次，在人体实验结束后，必须做出实事求是的科学报告，任何篡改数据、编造材料的行为都是不道德的。

3.4.2　实验伦理道德的注册

实验伦理道德的注册流程如图 3-12 所示。

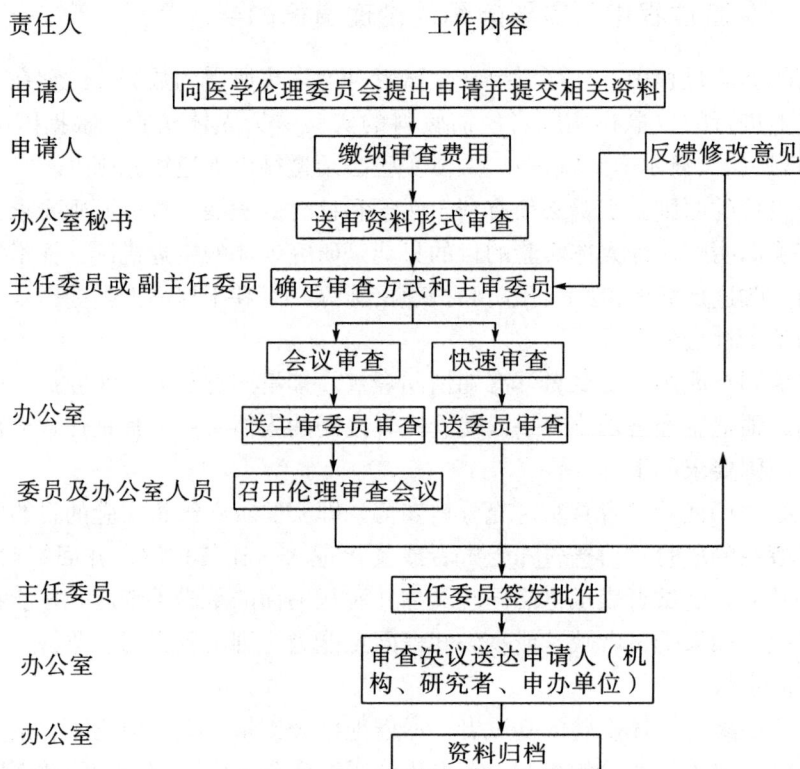

图 3-12　四川大学华西医院关于实验伦理事项审批的流程图

参考文献

[1] CLARK J E，PHILLIPS S J．A Longitudinal Study of Intralimb Coordination in the First Year of Independent Walking：A Dynamical Systems Analysis [J]．Child Development，1993，64（4）：1143-1157．

[2] BOSCH K，GERSS J，ROSENBAUM D．Development of healthy children's feet——nine-year results of a longitudinal investigation of plantar loading patterns [J]．Gait & Posture，2010，32（4）：564．

[3] HALLEMANS A，D'AOÛT K，DE C D，et al．Pressure distribution patterns under the feet of new walkers：The first two months of independent walking. [J]．Foot & Ankle International，2003，24（5）：444．

[4] ALVAREZ C，VERA M De，CHHINA H，et al．Normative data for the dynamic pedobarographic profiles of children [J]．Gait & Posture，2008，28（2）：309．

[5] HENNIG E M，STAATS A，ROSENBAUM D．Plantar pressure distribu-

tion patterns of young school children in comparison to adults. [J]. Foot & Ankle International，1994，15（1）：35—40.

[6] SHADISH W R，COOK T D，CAMPBELL D T. Experimental and quasi—experimental designs for generalized causal inference [M]. Boston：Houghton Mifflin，2002.

[7] 邱世昌. 关于人体实验的道德实质及其伦理原则 [J]. 医学与哲学（A），1986（10）：22—25.

4 足部运动生物力学实践

4.1 足部形态学

4.1.1 基本原理

从人类直立行走开始，足部就作为人体一个至关重要的器官，不仅在站立时承担了人体的全部重量，同时也是完成行走动作的关键支点。不同的足部形态结构会引起整个下肢的受力变化，因此，理解足部内部的结构及外在表现，能够为与足部有关的医疗、运动、工业及机械产品设计方面提供理论依据。

足部形态学是人体解剖学的一个重要分支，其主要研究内容包括足部骨骼、关节、肌肉、韧带等，研究角度主要从足弓形态、足部二维尺寸、足部三维尺寸、足部角度以及各主要部位比例出发展开。

1）足部生理结构

（1）足部骨骼。

人的足部由 26 块骨骼构成，包括 14 块趾骨、5 块跖骨、3 块楔形骨、1 块周状骨、1 块跟骨、1 块距骨、1 块骰骨。图 4-1 为足部骨骼示意图。

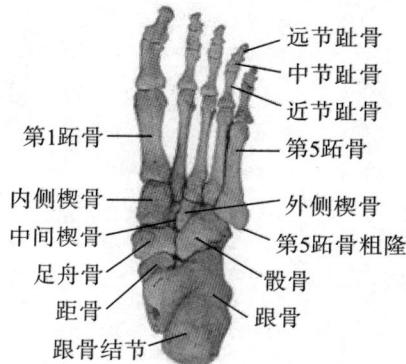

图 4-1　足部骨骼示意图

（2）足部关节。

骨与骨之间的连接点称之为关节，一般由关节面、关节囊和关节腔 3 部分组成。其中，跖趾关节、跗跖关节、跗骨关节、踝关节、距下关节是足部较为重要的 5 个关节。

跖趾关节：由跖骨与第一节趾骨关节囊连接而成，属球窝关节。从关节面的骨性结构而言，它可围绕 3 个轴向转动，但由于这些关节没有回旋肌肉的配布，所以仅能完成屈伸、内收外展以及局部的环转运动。

跗跖关节：由 5 块跖骨和 4 块跗骨共同组成的关节。可分为 3 部分：第一关节即内侧楔骨与第一跖骨部分，第二关节即中间和外侧楔骨与第二、三跖骨部分，第三关节即骰骨与第四、五跖骨部分。

跗骰关节：包括跗横关节和楔骰舟关节。跗横关节是距跟舟关节和跟骰关节的总称。其中，距跟舟关节是位于距骨、跟骨和足舟骨之间的关节。

踝关节：由胫骨、腓骨下侧与距骨上侧，以及肌键、关节囊、韧带等其他加固装置牢固地结合形成的一个关节结构。该关节可在人体矢状面做 20°～30° 的背屈运动以及 30°～50° 的跖屈运动。

距下关节：由距骨下方的关节面同跟骨上方的关节面相关节构成的关节。距下关节的运动主要表现为距骨在跟骨上可同时沿着 3 个基准平面运动。

（3）足部韧带。

韧带是可弯曲的纤维状的弹性结缔组织，主要负责连接骨与骨，增加关节稳固性，从而避免损伤。

（4）足部骨骼肌。

骨骼肌又称横纹肌，属于肌肉的一种，由具有收缩功能的肌腹和附着在骨骼上的肌腱组成。

2）足弓

足弓的拱形结构是由足的肌键、肌肉、韧带同足关节共同构成的，为一弹性缓冲体系。一般将足弓分为外侧纵弓、内侧纵弓和横弓三部分，并以第一跖骨、第五跖骨和跟骨共同构成三点支撑地面。这种结构既保持了足底的血管神经及其足底其他组织免受压迫，又保证了直立时足底支撑的稳固性，同时增加了足部的弹性能力及缓冲行走时的震荡，足弓具有缓冲、减震的功能。图 4-2 为足弓示意图。

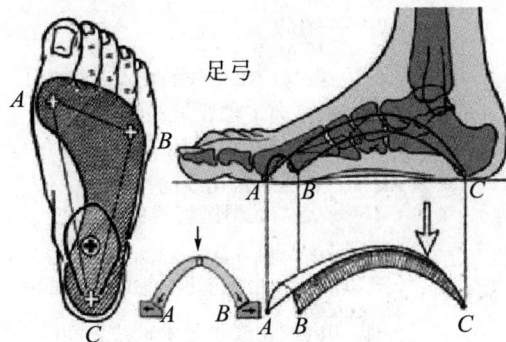

图 4-2　足弓示意图

3）足部二维尺寸

长度尺寸：如脚长、第一跖趾长度、第五跖趾长度。

宽度尺寸：如足部前掌宽（整个轮廓的宽和脚印的宽度）、腰窝宽度（脚印宽）、后跟宽度（轮廓和脚印宽）。

高度尺寸：如拇指高度（拇指外突点部位的高度）、第一跖趾关节高度（第一跖趾关节点的高度）、跗背高度（跗背部位的高度）、后跟凸点高度、内外侧脚踝高度。

4）足部三维尺寸

跖趾围长（简称跖围）：绕第一和第五跖趾关节的最突点的围长。

前跗骨围长（简称跗围）：绕前跗骨突点、第五跖骨粗隆点和脚心凹处的围长。

舟上弯点与后跟围长（简称兜围）：绕后跟及舟上弯点的围长。

5）足部角度

足型角度（long plantar angle：γ_1）：脚印内侧外侧切线之间的夹角（线段 AA' 和 BB' 之间的夹角）。

足外侧角度（lateral plantar angle：γ_2）：脚印外侧切线与足中轴线之间的夹角（线段 BB' 与中轴线 OO' 之间的夹角）。

足内侧角度（medial plantar angle：γ_3）：脚印内侧切线与足中轴线之间的夹角（线段 AA' 与中轴线 OO' 之间的夹角）。

足前部角度（forefoot angle：γ_4）：脚印内切线与连接脚印内外侧切线与前掌内外侧相交的点（A 和 B）之间的角度。

足跟角度（heel angle：γ_5）：脚印内切线与后跟的交点 A 与后跟内凸点 P 之间的连线与内切线 AA' 之间的夹角。（后跟有两个点，一个点是用内切线的方法来确定，即点 A，而后跟内凸点就是后跟内次离中轴线最远的点，即点 P。）

次足弓角度（subarch angle：γ_6）：线段 NL 和 RL 之间的夹角。首先确定三点：第一点 L，L 为足弓离中轴线最外侧的点；第二点 N，为经过 L 点与前掌的切线；第三点 R，为经过 L 点与后跟的切线。

拇外翻角度（hallux angle：γ_7）：脚印内侧切线与拇指和前掌内侧切线之间的角度（AA' 与 CA' 之间的角度），其中 C 点为拇指外侧点。

足后部角度（rearfoot angle：γ_8）：后跟部位跟腱与后跟中轴线之间的角度。

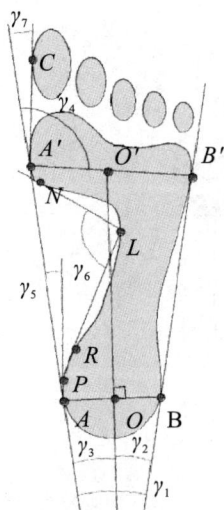

$A'B'$——前掌宽
AB——后跟宽
PA——点与后跟切线的交点（向上）
L——足弓离中轴线量外侧点
NL——点与前掌切线的接触点
RL——点与后跟切线的接触点
CA'——点与大拇趾切线的接触点

γ_1=脚印内外侧切线之间的夹角（AA' 和 BB' 的夹角）
γ_2=脚印外侧切线与足中轴线之间的夹角（BB' 与中轴线 OO' 的夹角）
γ_3=脚印内侧切线与足中轴线之间的夹角（AA' 与中轴线 OO' 的夹角）
γ_4=脚印内切线与连接脚印内外侧切线与前掌内外侧相交的点（A 和 B）之间的夹角
γ_5=脚印内切线与后跟的交点 A 与后跟内凸点 P 之间的连线与内切线 AA' 之间的夹角
γ_6=NL 和 RL 之间的夹角
γ_7=AA' 与 CA' 之间的角度

6) 各主要部位的比例

脚印长宽比（coefficient of spreading）＝前掌宽/足长

前后宽度比（forefoot and heel coefficient）＝后跟宽/前掌宽

足前部内外侧宽度比（forefoot coefficient）＝前掌内侧宽/前掌外侧宽

足弓系数（arch index）：

$$A_I = \frac{A_2}{A_1 + A_2 + A_3}$$

式中，A_1 为后足部分；A_2 为足中部分；A_3 为除开脚趾的前掌。

足部形态主要包括静态和动态两种形态。静态脚型是指在静止站立姿势时足部的形态；而动态脚型则是指在运动情况下足部的形态。动、静态脚型在尺寸方面的差异主要是由足弓的性质所决定。足部的足弓有 3 种类型：一种是位于前掌跖趾关节部位的横足弓；其他两种类型是位于足中部内侧和外侧的纵足弓。当足部运动时，横足弓改变了足前掌的宽度，而纵足弓则引起长度方向上的变化。足弓结构对足部的安全非常重要，一方面，足弓结构能缓解在行走中足中部与地面接触时所产生的瞬时高压，保护足中部韧带和肌肉组织的安全；另一方面，足弓结构起到了将位于后跟的压力向足前部进行传递的桥梁作用，使得足底压力分布合理。

对处于成长中的儿童而言，从独立行走之后开始，足部的结构逐渐发育成熟，足部尺寸逐步增大，直至 6 岁时足弓的发育基本成型、足部功能基本完善。因此，在这个发育过程中，动、静态脚型的差异随着年龄的增加而不同。虽然静态脚型能够基本反映儿童足部尺寸的变化，但是却忽略了在运动情况下由于足弓的变化所引发的尺寸和角度方面参数的改变。因此，在设计儿童鞋楦底样时，需要同时考虑动、静态脚型之间的差异，这样才能使其符合儿童足部的发育规律和运动特点。

4.1.2　足部形态学测量技术概述

测量足部形态一般有两种方法：静态测试法和动态测试法。

静态测试法：受测试者采用静止站立姿势所测量的足部尺寸。静态脚型测试法一般采用的工具为卷尺、测高仪以及油印板等，以获得足部长度、宽度、围度等尺寸。这种方法虽然操作简单，但同时也具有劳动强度大、重复性差的问题。随着计算机技术的发展，足部尺寸的测量由二维逐渐过渡到三维，并逐渐出现自动测量及分析进行发展[1]。通过这一方法，可有效提高测量速度及精度，为大规模测量提供了技术帮助。

动态测试法：受试者采用运动的姿态所测量的足部尺寸。人体在运动过程中由于不可避免地会发生足部扭转、足底挤压等变化，从而引起足部尺寸的改变，使用动态脚型尺寸可了解运动过程中的足部特点。与众多静态脚型的测试方法相比，现有动态脚型的采集方法较少，目前主要有 2 种：一种是让受试者足底涂有墨汁，并通过一条由白纸所铺设的测试区域来采集动态的脚印图像；另一种是采用三维动作建模的方法模拟足部在运动时的动态脚型。

4.1.3 案例分析——脑瘫儿童动、静态脚型研究

4.1.3.1 引言

测试儿童动、静态脚型，可为研究儿童足部发育提供尺寸的变化，一般主要包括足部的长度、宽度、角度、围度和比例等。静态测试是在受测试者静止站立下测量的足部尺寸；动态测试是在运动过程中测量的足部尺寸。足弓在行走过程中起着减压和缓冲的功能，横足弓会带来足前掌宽度变化，纵足弓会引起足部长度的变化，这是造成动态脚型尺寸与静态脚型尺寸的主要区别。研究脑瘫儿童动、静态脚型可便于理解脑瘫儿童足弓在发育阶段表现的特点[2-3]。

不同于静态脚型测试[4-6]，现有关于动态脚型测试的研究多应用于足底压力等方面[7-8]，关于动态足部尺寸的研究较少。目前文献中采用的动态足部尺寸的测量方法主要有两种：一是通过墨汁和白纸采集测试者的动态脚印图像[9]；二是通过三维动作建模获得模拟动态脚型[10]。对动、静态脚型测试进行对比研究的相关文献较少。

基于此，本实验通过对脑瘫儿童和正常儿童动、静态脚型数据进行分析，对比两种测试方法的差异，研究动、静态脚型随年龄的变化趋势，从而可了解儿童足部的发育情况，并探究足弓的形成及影响。

4.1.3.2 实验

1) 研究对象

本研究针对所采集的 1000 例健康儿童足部样本和 40 例脑瘫儿童足部样本。

脑瘫儿童足部样本筛选标准：①患有痉挛型双瘫；②不借助辅具可独立行走；③可配合完成足部生物力学测试；④排除数据采集不全的对象。根据标准筛选出 18 例脑瘫儿童样本参与此次脑瘫儿童动静态脚型研究。样本的平均年龄为（6.6±3.0）岁，平均BMI 值为 17.0±3.5，GMFCS 评级平均值为 2.2±0.9，性别比例为 12 位男性/6 位女性（见表 4−1）。

正常儿童足部样本筛选标准：①足部无畸形；②足部未受过损伤；③可配合完成足部生物力学测试；④排除数据采集不全的对象。在筛选出的正常儿童足部样本中，对应 18 例脑瘫儿童的年龄和 BMI 值（BMI＝体重/身高²）。按照人数比脑瘫儿童：正常儿童＝1：2，筛选正常儿童足部样本 36 例。样本的平均年龄为（6.4±2.4）岁，平均 BMI 值为 16.8±2.4，性别比例为 18 位男性/18 位女性（见表 4−1）。

表 4−1　动、静态脚型样本基本情况

Variables	N	M/F	Age		BMI		Level	
			Mean	SD	Mean	SD	Mean	SD
脑瘫儿童	18	12/6	6.6	3.0	17.0	3.5	2.2	0.9
正常儿童	36	18/18	6.4	2.4	16.8	2.4	—	—

注：M 表示男性数量，F 表示女性数量；Level 表示 GMFCS 脑瘫评级。

2）静态脚型的测试方法

使用 INFOOT 三维足部扫描仪（INFOOT USB：Standard type，I—Ware Laboratory Co.，Ltd.，Japan）（见图 4—3）采集受测试者的静态脚型。测试时，受测试者需裸足静止站立于测试平台内，左、右脚均匀受力，并对左、右脚数据分别进行采集。该测试系统已被证实具有较高的数据重复性[11]，可直接用于静态脚型测试。将扫描得到的文件输入 Powershape 和 CorelDRAW 软件进行进一步的数据测试。

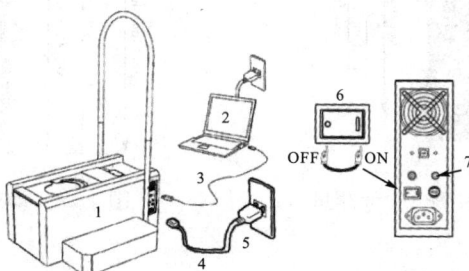

图 4—3　INFOOT 三维足部扫描仪

1—扫描仪；2—电脑；3—USB 线；4—电源线；5—插座；6—开头；7—当开关打开时，LED 灯亮

3）动态脚型的测试方法

使用 Footscan 足底压力测试系统（Footscan one meter plate，RSscan Int.，Belgium）（见图 4—4）采集受测试者动态脚型。测试前，使测试者先模拟测试若干次，以熟悉测试方法和流程。此过程可减少系统误差[12]。采集时，受测试者以自选速度裸足通过测试平板 5~8 次，系统会自动采集测试者的动态脚型数据。将采集数据从系统导出后输入 CorelDRAW 软件中进行进一步的数据测试。

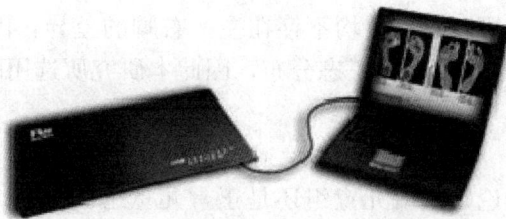

图 4—4　Footscan 足底压力测试系统

4）数据处理

如图 4—5 和图 4—6 所示，在提取的动态（dynamic：D）和静态（static：S）脚型图像中分别标记关键部位点，包括拇指凸点、后跟凸点、第二趾中点、第一跖趾关节点、第五跖趾关节点、腰窝关键点。通过后跟凸点和第二趾中点作垂线，为足部中轴线；与拇指凸点、后跟凸点的两条平行线相交的长度，为脚长（foot length：FL）；连接第一跖趾关节点和第五跖趾关节点的斜长，为脚宽（foot width：FW）；与中轴线相交部位，将足长分为足前部和足后部，可计算前后足长度比例（fore—hind foot ratio：FHR）。通过腰窝关键点作平行线，与外侧轮廓相交的长度，为腰窝宽度（arch width：AW）；计算脚型系数（foot index：FI）（脚宽与脚长的百分比）、腰窝比例（arch ratio：AR）（腰窝宽度与脚宽的百分比）。通过腰窝关键点作两条切线分别与后跟、前掌相切，两条切线之间的夹角为腰窝角度（arch angle：AA）；

足内切线与拇指内切线之间的夹角为拇外翻角度（hallux angle：HA）。

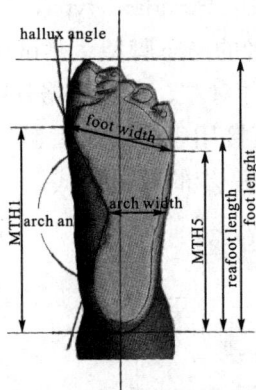

图 4-5　静态脚型尺寸测量　　　　　图 4-6　动态脚型尺寸测量

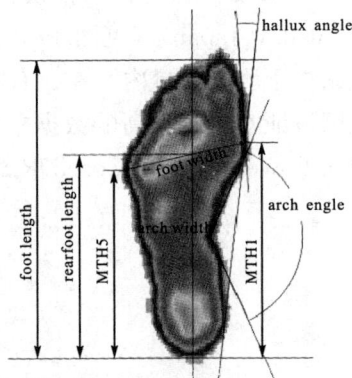

5）统计学分析

首先对所有数据采用正态概率图（Quantile-Quantile plot：Q-Q plot）进行正态分布检验。使用独立样本 T 检验（Independent T test：IT test）来验证左、右脚之间的差异。将所有受测试儿童按照间隔 1 岁分为若干个组。对每个年龄层的脑瘫儿童和正常儿童分别计算各参数的平均值和标准差（mean±SD），并绘制误差条图（Error-Bar plot：E-B plot）。使用配对样本 T 检验（Paired-Samples T test：PST test）分别评估两组儿童各个年龄层之间的动、静态脚型差异。

以上统计学分析均基于 SPSS（SPSS V16.0，SPSS Inc.，USA），显著度（significant level：Sig.）设置为 0.05，置信区间（confident interval：CI）为 95%。

4.1.3.3　结果

通过 T 检验，所有研究的参数均不存在左、右脚的差异，因此可统一将左、右脚的数据进行分析。所有数据均服从正态分布，因此本研究所选用的统计学分析模型所得结果均有效。

1）静态脚型特点

如图 4-7 所示，无论是脑瘫儿童组还是正常儿童组，脚长、脚宽基本随年龄的增加都有所增大。相同年龄阶段的脑瘫儿童组平均脚长小于对应的正常儿童组。脚型系数从 2~8 岁表现为逐渐降低，8 岁以后有所增加。

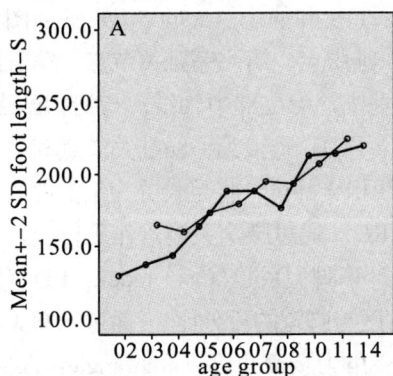

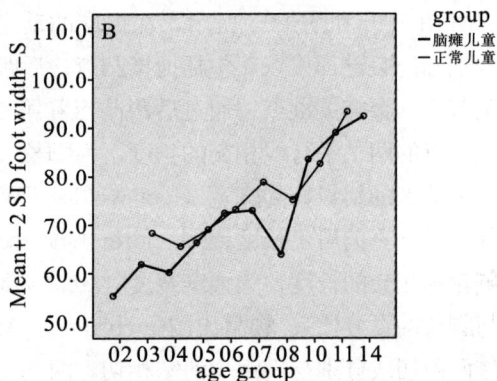

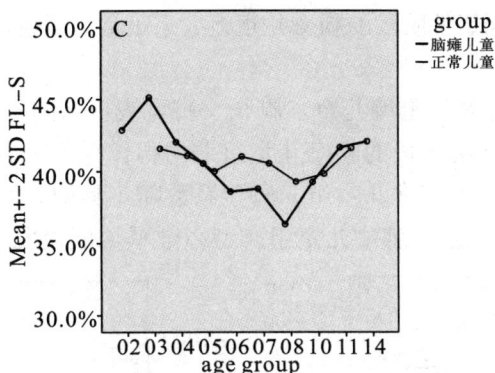

图 4-7　（A）FL-S 随年龄的变化趋势；（B）FW-S 随年龄的变化趋势；
（C）FI-S 随年龄的变化趋势

如图 4-8 所示，正常儿童组拇指偏移角度随年龄的增加有所增大，而脑瘫儿童组则表现为与年龄无相关性。正常儿童的腰窝角度随年龄增大而减小，脑瘫儿童则表现出与年龄无线性相关。除 5 岁和 10 岁外，相同年龄阶段的脑瘫儿童组平均腰窝角度显著性大于对应的正常儿童组。

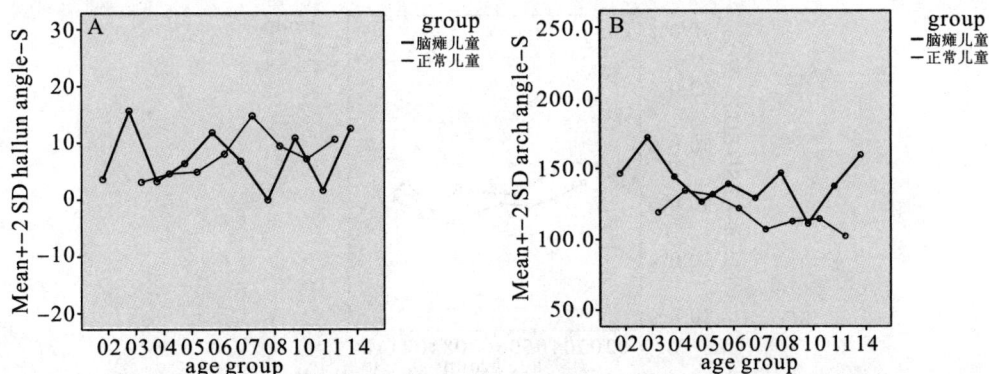

图 4-8　（A）HA-S 随年龄的变化趋势；（B）AA-S 随年龄的变化趋势

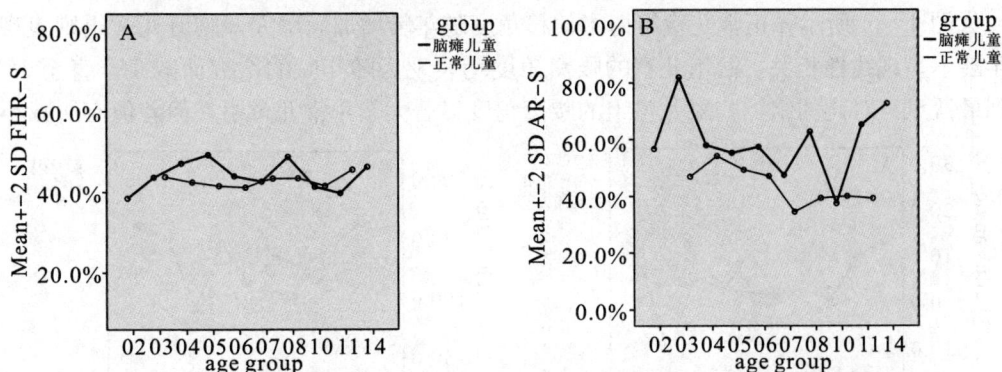

图 4-9　（A）FHR-S 随年龄的变化趋势；（B）AR-S 随年龄的变化趋势

如图 4-9 所示，正常儿童组前后足长度比例趋于平稳，而脑瘫儿童组则表现为有较大变化趋势，两组均随年龄的增加有所增大。10 岁之前脑瘫儿童组均大于正常儿童组，10 岁之后正常儿童组大于脑瘫儿童组。对于正常儿童，脑瘫儿童组腰窝比例基本随年龄的增加有所降低，但相同年龄阶段的脑瘫儿童组大于正常儿童组，且增大幅度有所增加。

2）动态脚型特点

如图 4-10 所示，除 8 岁脑瘫儿童，脚长、脚宽表现为随年龄增加而增大，10 岁以后脚长趋于平稳。相同年龄阶段的脑瘫儿童组平均脚长小于对应的正常儿童组，而平均脚宽表现为脑瘫儿童组大于正常儿童组。脚型系数随年龄增大而逐渐降低，主要降低区域在 4~6 岁。对比正常儿童，脑瘫儿童组脚型系数平均值较大。

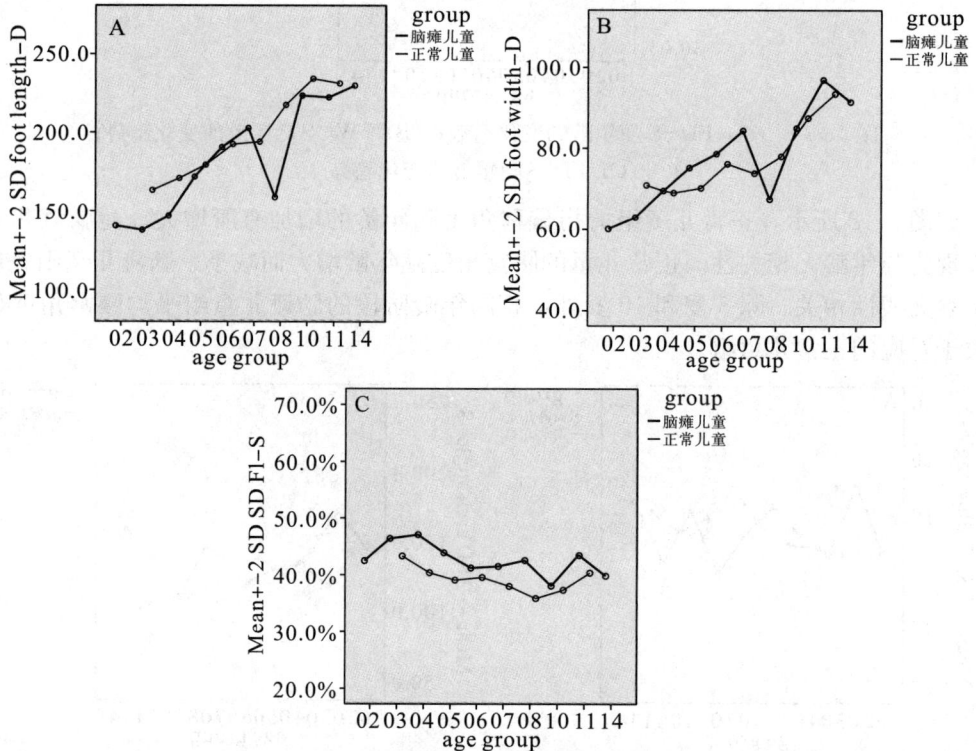

图 4-10　（A）FL-D 随年龄的变化趋势；（B）FW-D 随年龄的变化趋势；（C）FI-D 随年龄的变化趋势

如图 4-11 所示，正常儿童组拇指偏移角度随年龄增加而增大，脑瘫儿童组则表现为与年龄不呈现线性相关。两组儿童的腰窝角度均表现为随年龄的增大而减小，直至 10 岁达到最低点。对比两组，脑瘫儿童组的腰窝角度显著大于正常儿童组，但差值有所减小。

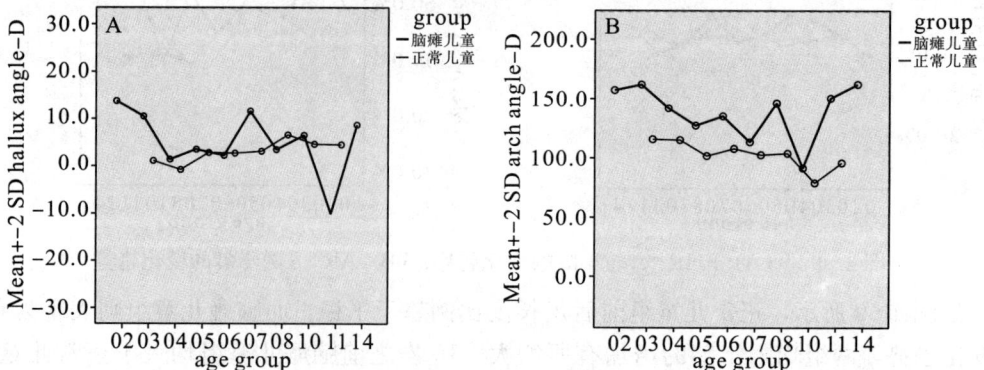

图 4-11　（A）HA-D 随年龄的变化趋势；（B）AA-D 随年龄的变化趋势

如图 4-12 所示，正常儿童组的前后足长度比例随年龄增大而减小，脑瘫儿童组也表现为随年龄的增大而减小（除 8 岁和 10 岁外），但减小幅度较正常儿童组大。与正常儿童组相比，脑瘫儿童组的腰窝比例较大。两组儿童的腰窝比例均表现为随年龄的增大而缓慢减小，6 岁以后趋于平稳。

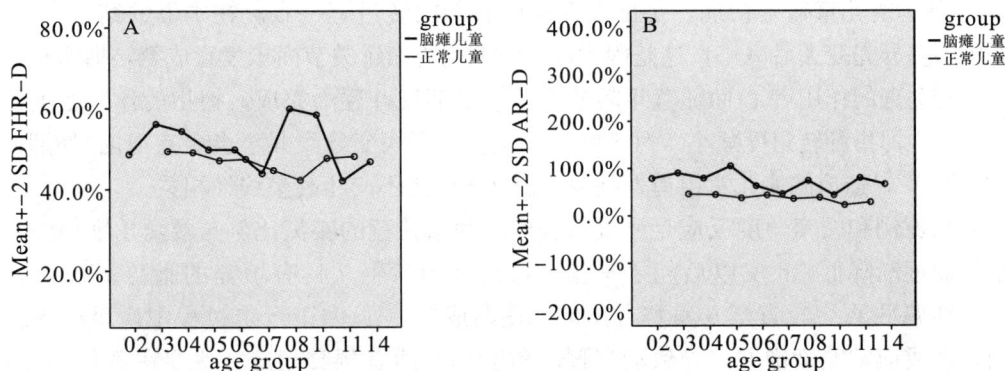

图 4-12　（A）FHR-D 随年龄的变化趋势；（B）AR-D 随年龄的变化趋势

3）动、静态脚型差异研究

对于脑瘫儿童，除了 8 岁以外，动态脚长均大于静态脚长，5 岁时两者之间差异显著（$P=0.022$）。而动态脚宽除 14 岁以外，均大于静态脚宽；随年龄增大，差异先变大后变小，4 岁、5 岁、8 岁差异显著。动态脚型系数大于静态数据，但 2 岁、10 岁和 14 岁相反；随着年龄的增大，动、静态脚型系数的差异增大，4 岁以后差异显著增大。

对于正常儿童，除 3 岁、7 岁外，动态脚长显著性大于静态脚长。除 7 岁、11 岁外，动态脚宽均大于静态脚宽，4 岁时两者差异明显（$P=0.001$）。与脑瘫儿童不同的是，正常儿童静态脚型系数均大于动态脚型系数。

正常儿童的静态拇外翻偏移角均大于动态数据，且两者之间的差异先变大后变小，6 岁时差异最大（$P=0.001$）。与正常儿童不同的是，2 岁、7 岁、8 岁脑瘫儿童的静态拇外翻偏移角小于动态拇外翻偏移角，且 2 岁、8 岁差异显著（$P_2=0.022$，$P_8=0.009$）。正常儿童的静态腰窝角度显著大于动态腰窝角度，而脑瘫儿童组则表现混乱，在 2 岁、5 岁、11 岁和 14 岁静态数据小于动态数据，其他年龄组表现相反。

对于前后足长度比例，脑瘫儿童组动态数据均大于静态数据，且两者之间的差异随年龄增加而有所增大。与脑瘫儿童类似，正常儿童除 8 岁以外，动态数据大于静态数据，且两者之间的差异显著。

正常儿童除 7 岁以外，静态腰窝比例显著大于动态腰窝比例。而脑瘫儿童组则刚好相反，静态腰窝比例小于动态腰窝比例，但无显著性差异。

4.1.3.4　讨论

无论脑瘫儿童还是正常儿童，足部的长度和宽度都随着年龄的增长而显著增加，这是因为儿童时期足部进入快速发育时期，这一结果与现有的研究相吻合[12]。但因为脑性瘫痪会影响儿童的生长发育[13]，在本书的结果中表现为：相同年龄阶段脑瘫儿童组的脚长和脚宽均小于正常儿童组。两组儿童的动态脚长与脚宽均大于静态数据，为便于儿童足部在鞋内具有充分的活动空间，在设计儿童鞋时应在静态脚长上适当增加放余量。由于脚长的增长速度大于脚宽的增大速度，两组儿童的脚型系数均随年龄的增加而逐渐降低，即儿童足部由宽大脚型逐渐转变为细长脚型，与 Muller 等的研究[14]一致。

在拇外翻偏移角度方面，正常儿童组表现为随年龄的增加而增大。由于行走过程中，拇指会向脚内侧移动，导致静态拇外翻偏移角度显著大于动态数据。这一结果与 Hallemans[15]认为的儿童行走初期，足部存在拇内翻的内转过程一致。在本书的结果中，动、静态脚型差异先变大后减小，这是因为幼儿时期因为跖趾关节尚未发育成熟，拇指在行走中承担着关键的作用[16]；而随着年龄的增长，足部发育逐渐完成，拇指的作用逐渐被取代，行走中拇指翻转角度减小。对于脑瘫儿童，由于病变导致儿童会患有拇内/外翻或足内/外翻[2,17]，造成脑瘫儿童组拇外翻偏移角度表现为不与年龄呈线性相关。

腰窝比例和腰窝角度反应足弓发育程度。两组儿童的腰窝比例与腰窝角度均随年龄的增加而逐渐降低，6 岁以后趋于平稳。这是因为新生儿具有填充的脂肪垫[18]，表现为生理性偏平足[14]，直至 6 岁左右，足弓逐渐成熟[15]。由于行走过程中横足弓的缓冲作用，造成前掌宽度增加，导致动态腰窝角度小于静态腰窝角度；纵足弓的缓冲作用，导致动态腰窝比例小于静态腰窝比例。脑瘫儿童的腰窝比例和腰窝角度均大于对应年龄阶段的正常儿童，这也反映了脑瘫儿童足弓发育落后于正常儿童[13]。因为长期异常步态影响足弓在行走过程中的缓冲作用，导致脑瘫儿童组动、静态腰窝比例和腰窝角度表现混乱。

4.2　足部生物力学模型及有限元研究

4.2.1　基本原理

人体的运动是在神经系统、肌肉系统和骨骼系统的协调下完成的，且有着复杂的机理。因此，研究运动生物力学理论的关键是建立人体运动的力学模型，用这些模型来探究运动。当前文献主要集中于以下两类方法的研究：

第一种方法是人体系统仿真，其代表者是南非的力学家 Hazte[19]，他用弹性肌元、容元、阻尼器、内能源等力学"元件"模拟神经、肌肉系统运动，用力学结构中的多刚体铰接系统模拟整个人体系统。因此，人体运动的过程都可用力学模型和数学解析式来表示。应用这类方法研究人体运动，理论严谨，并突出了人体内部运动的规律，具有重大理论价值；但过于烦琐，分析解决具体问题难度较大。

第二种方法是应用多刚体系统动力学理论建立力学模型，这种方法能避免对人体系统内部运动的复杂模拟。其代表者为美国力学家 Kane[20]，他将人体视作有限刚体铰接组成的多刚体系统，以其中主刚体的 6 个位置坐标为人体系统的外坐标，表示其余各刚体相对主刚体位置（即人体姿态）的坐标为内坐标，内坐标受神经肌肉系统制。内坐标可根据实测数据用相近的解析式描述，相当于运动的几何约束或微分约束，外坐标化遵循牛顿运动定律，由此将运动生物力学问题就可转化为带各种约束条件（完整约束和非完整约束）的多刚体系统动力学问题。这种方法应用实例较多，取得了许多有价值的研究成果。

作为人体与地面至关重要的连接部位，足部是所有下肢运动的支点和人体承重点，也是人体力学系统的基石[21]。在日常生活中，发挥着承受身体重量、缓冲地面反作用力、吸收运动震荡等重要作用。在不同的载荷和运动状态下，足部各组成部分之间的应力和应变都会发生改变。全面了解正常和非正常足部在不同载荷下的应力分布可以为我们研究足部生理学和病理学提供十分有用的信息。足踝受力后，应力和应变的计算涉及非线性计算问题，若想用理论分析的方法进行求解难度极大，这些决定了足踝在理论生物力学研究中具有较高的难度[22]。现代力学实验方法，可以实现对足底表面的压力分布的测量和数据采集；同时，通过有限元模型的研究，能够实现足内部应力分析，特别是可以得到足部结构在连续步态中不同阶段的应力状态。因此，能否提出合理的足部生物力学模型进行计算分析就成为足部生物力学研究的关键。

在足部生物力学模型研究初期，关注重点局限于足部的数学模型，通过对一个足部骨骼的解剖结构加以数学描述，计算和分析足部的作用力。Arangio 等[23]用一个静不定结构模拟足部结构，支撑点为 5 个跖骨前端和跟骨块状体。他们假设跟骨（calcaneus）、距骨（talus）、舟骨（navicular）、立方骨（cuboid）以及楔形骨（cuneiforms）为刚性体，分析了足底腱膜的作用、跖骨的变形以及关节的弯曲。这种研究方法带来的好处在于它把一定的应力分布与足部生理状态联系起来，可以对临床治疗效果做出预测。Arangio[24]也明确了韧带和肌腱对吸收冲击波的作用，提出了一个从解剖学角度看来十分精确的模型，考虑到了足部所有的骨骼，并计算了关节的偏转以及韧带和肌腱的伸长。同时利用这一模型检验了关于足部吸收冲击波的假设，即当足部变形时，相应地控制韧带和肌腱的伸长可以吸收大部分在冲击时损失的动能。Hoy 等[25]试图通过对人体下肢的建模来研究运动过程中肌腱的功能及肌肉的协调性。这一模型最突出的特点在于考虑了下肢各关节的转动角度和肌腱力的影响，在一定程度上减小了对肌腱的功能认识的误差。值得注意的是，Mizrahi 等[26]在模拟足部突发内翻时，提出了用一个准线性二阶欠阻尼系统模拟距下关节的想法，并依据这一模型得到了一些合理的结果。

随着计算机技术和有限元理论的不断发展，人们开始大量使用数值模型和有限元法分析复杂的结构。有限元方法用于足部生物力学的分析与研究，可有效地了解在不同载荷下足部结构之间应力和应变的变化情况。目前，有限元法已经被用于站立状态下足部生物力学研究、不同高度的足弓的生物力学研究、后跟脂肪垫的生物力学分析、外翻足力学特点的研究、高跟鞋对足部生物力学影响的分析等方面。通过建立足部有限元模型，对足部结构间的应力、应变情况进行研究，为进一步了解足部各组成部分的功能、足部疾病的治疗和矫正、运动损伤的成因和康复、康复机械的制造以及特殊功能鞋的研制和开发提供了较为有效的研究手段[27]。

4.2.2　足部有限元建模技术概述

目前常用的足部三维有限元模型构建的方法主要有两种：一种是直接从医学影像图构建有限元模型，称为直接法；另一种是利用专业的辅助软件将前期扫描得到的医学图像逆向生成足部实体模型，然后再对其进行网格划分形成有限元模型，称为间接法。

用直接法构建有限元模型需要对医学图像进行手动标记描点，以获取足部的三维点坐标数据，然后再将这些点的坐标输入有限元软件中进行建模和网格划分。直接法生成有限元模型简单易学，但由于需要手动标记来生成点坐标，这个过程工作量大，带来的误差也会较大。

间接建模法又称为自动网格化法。这种方法需要专业的三维逆向软件对医学图像数据进行重建，生成实体模型之后再输入专业的有限元软件中进行网格划分形成有限元模型。间接建模法生成的三维有限元模型较直接法更加精确，有利于在科学研究中得到更加真实的数据。但间接建模法对模型的三维重建有很高的要求。目前用于三维重建的软件有 MatLab、CAD、Geomagic Studio、Mimics 等软件。MatLab 软件所得模型精度高、建模速度快，但是建模过程中运用的是高级矩阵语言，对于非计算机专业的人员掌握起来有一定难度。CAD 软件是利用其强大的图像处理功能将三维坐标数据转换成实体模型，然后再导入有限元分析软件。Geomagic Studio 软件可以从扫描获得的点云图直接生成比较完美的实体模型和网格模型，并且能直接生成 NURBS（Non-Uniform Rational B-Splines，非均匀有理 B 样条）曲面。Mimics 软件是一种专业的医学逆向三维重建软件。该软件能够将通过 CT 扫描获得的 DICOM 格式的图片导入，利用阈值设置来对骨骼、软组织进行三维重建；能够直接生成并输出 STL 格式的网格化模型。除了直接生成网格模型之外，该软件自带的 FEA 模块能将构建的网格模型进行优化和简化而得到合理的模型，以便于后期的分析。利用该软件得到的人体骨骼和软组织的三维重建模型误差小，具有良好的仿真效果，并且其网格重建功能能方便地生成后期分析可用的合理的模型。因此，Mimics 软件被广泛地应用与医学研究中。在本书的案例中，选用对骨骼及软组织具有良好仿真效果的 Mimics 软件来进行 CT 图像的重建[28]。

除了三维逆向软件之外，还需要有限元软件。目前用于科学研究的有限元软件主要有 ANSYS 公司开发的 Ansys 软件、HKS 公司开发的 Abaqus 软件、MSC software 公司开发的 Patran/Nastran 软件。Ansys 软件是目前最为流行的有限元分析软件，是一种融流体、结构、电场、磁场、生成于一体的有限元分析软件，能完成各种非线性问题的分析。Abaqus 软件在非线性问题分析方面比较全面，但是其操作界面比较复杂。Patran/Nastran 软件，其中 Patran 是前处理器，主要用于模型的构建、网格的划分、载荷及边界条件的设定；而 Nastran 是与其配套的有限元求解器之一。其操作界面简洁清爽，对模型的构建较其他软件更为智能，因此被广泛地用于航空航天、汽车工业等领域。在本实验中，采用 MSC 公司的 Patran/Nastran 软件，因为其在模型的网格划分过程中更为智能，得到的模型更加精确。同时在后期的分析过程中，配套 Nastran 求解器，针对性更强，分析效率更高。

有限元模型的构建过程中存在着许多的关键技术，如医学图像数据的获取、骨骼模型的三维重建、软组织模型的构建、足底压力数据的获取，以及后期有限元分析中边界条件的定义和载荷的赋值问题等。下面将从医学图像的获取方法、足部骨骼模型的构建、足部软组织模型的构建、足底压力数据的比对 4 个方面进行逐一说明。

1）医学图像获取的方法

MRI 医学成像技术，即核磁共振成像技术，具有高度的组织对比分辨率、高解析度、对人体无电离辐射等优点，能在不改变受试者扫面体位的前提下作出横状面、矢状面、冠状面、斜状面 4 种断层图像。比 CT 扫描所成的图像具有更高的软组织分辨率。但 MRI 技术主要偏向于对软组织的高分辨率成像，对骨骼的分辨率不如 CT 成像技术清晰。除此之外，MRI 技术还存在着扫描层厚和扫描间距不够精细，这将会影响到三维重建图像的准确性和清晰度[29]。

CT 医学成像技术，即 X 射线计算机断层成像技术。这种方法是通过不同的密度来确定电信号的强度，从而获得图像。随着医学成像技术的发展和存储图像格式软件的开发，CT 扫描获得的图像可以以 DICOM（Digital Imaging and Communications in Medicine）格式存储，计算机可以直接读取这一格式的数据。CT 扫描技术可以清晰地显示出骨骼与软组织之间的边缘轮廓，通过 Mimics 等医学逆向建模软件能够获得清晰的骨骼，但对软组织的识别相对模糊，无法准确地获取肌肉、足底筋膜、韧带、软骨等组织的几何形态。虽然 CT 扫描技术存在着一定的缺点，但是它较高的精确度和方便快捷的特点使得其在目前的有限元分析建模数据的采集中被广泛地使用[30-32]。

2）骨骼模型的三维重建

为了建立骨骼的三维模型，首先从医学图像提取骨骼的边缘轮廓数据。足部骨骼包括 26 块骨骼以及 30 余个关节。为了获得每个独立的骨骼模型，每个骨骼的边缘轮廓需要在提取过程中予以区分。提取骨骼边缘轮廓数据的方法通常有图像边缘的自动分割和手动分割两种方法。在此期间，为了模型的合理和以后有限元分析的顺利进行，需要做大量的数据处理工作，如降噪、去除不必要的内轮廓线和分离独立的骨骼边缘轮廓线等。通过图像自动分割功能加上人工修改，可以获得足部骨骼的 3D 渲染模型。这些模型较真实地反映了足部骨骼的几何构形，后来被用作建立三维模型时的视觉参考。同时，根据前述足部骨骼的外轮廓线模型，可以直接利用 CAE 软件生成足部骨骼的有限元模型，也可以先利用 CAD 软件生成骨骼的实体模型，再转换到 CAE 环境中建立有限元模型。

3）足部软组织模型构建的方法

足部各骨骼之间形成了众多的关节，关节的存在满足了足部各种功能需求，是人进行站立、行走、跑动不可缺少的重要组成部分。因此，足部有限元模型中必须要包含关节软骨这一部分。在有限元模型的建立过程中，由于关节间的连接非常复杂，因此计算量十分巨大。一般来讲，对软组织材料类型的划分将直接影响有限元分析的结果。根据大量关于人体组织材料特性的研究报道，足部骨骼可看作是线弹性材料。因此，骨单元的划分一般采用六面体块单元或楔形单元。而具有很强弹性的韧带和足底肌腱则被认为是非线性材料（在伸长时有一定刚度，相反在压缩时没有刚度），可以划分为簧单元。

4）足底压力数据比对的方法

由于有限元法自身存在缺陷以及计算机软件和硬件存在局限，而且足部结构复杂，材料参数来自上游实验者的实验结果，因此有限元模型的可靠性需要进一步进行验证[33]。目前，验证有限元模型的主要方法有活体标本实验和压力板数据采集。活体标本实验条件苛刻，操作复杂，实施起来并不现实。在本实验中，采用 Footscan 1 米板压力测试系统，进行足底压力数据的采集。Footscan 1 米板压力测试系统具有测试简单、方法可靠、可重复性能好、生成的报告详细、图形报告直观、数值报告精确等特点。生成的报告以足部各个区域不同参数的形象展现，这样能直接用于与有限元模型分析得到的结果进行详细的比较。生成的图形报告以压力图的形式展现，这与在 Nastran 求解器中生成的报告图形相同，从而能直观地展现出二者结果的异同，对模型可靠性的验证十分有效。

4.2.3 案例分析——基于有限元方法的足部受力分析

4.2.3.1 引言

本研究的目的是以一名成年男子右足为样本进行有限元模型的构建，并对模型进行分析。利用 Footscan 1 米板压力测试系统的分析结果，对有限元模型构建和分析法的可靠性进行验证，从而优化模型构建方法及后期分析方法。本研究是对有限元模型构建和分析方法的初探，丰富了足部生物力学的研究手段，为后期有限元法用于矫形鞋、功能鞋及辅具的设计提供了更为有效的方法和手段。

4.2.3.2 实验

1）实验设备

硬件：GE 公司的 Light Speed 16 层螺旋 CT（断层厚度为 0.625 mm，图像分辨率为 512 mm×512 mm）用于 CT 图像的获取，如图 4-13 所示；Footscan 1 米板压力测试系统（RSscan international，Olen，Belgium），其中采样频率为 500 Hz，传感器密度为 4 个/cm²，传感器大小为 0.5 cm×0.7 cm，传感器数目为 8192 个，测试量程为 0~200 N/cm²，仪器的重复误差为 2.5%，脚型的采集频率为 425 Hz。压力平板放置在一段长为 6 m 的轨道中间，在本实验中用于足底压力数据的采集，如图 4-14 所示。

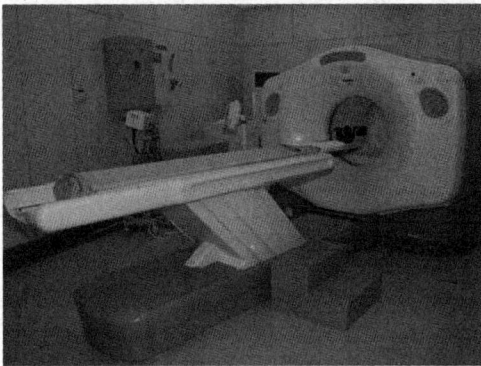

图 4-13　Light Speed 16 层螺旋 CT

图 4-14　Footscan 1 米板压力测试系统

软件：Materialise 公司的交互式的医学影像控制系统 Mimics 10.01，即为 Materialise's interactive medical image control system 10.01，在本实验中用于足踝部位骨骼逆向几何重建；美国 MSC 软件公司的并行框架式有限元前后处理及分析仿真系统 Patran 2011，在本实验中用于足踝三维几何模型的有限元前后处理；美国 MSC 软件公司的适用于工程分析的有限元分析程序 Nastran 2011，在本实验中用于足踝系统的有限元分析。

2）实验流程

本次实验主要分为三个部分：第一部分是基于 CT 图像对受试者足踝部位骨骼及软组织进行三维重建，流程图见图 4−15；第二部分是足踝部位有限元模型的构建；第三部分是对足底压力数据有限元模型进行分析，流程图见图 4−16，并对二者进行比较分析，以验证有限元模型的可靠性，流程图见图 4−17。

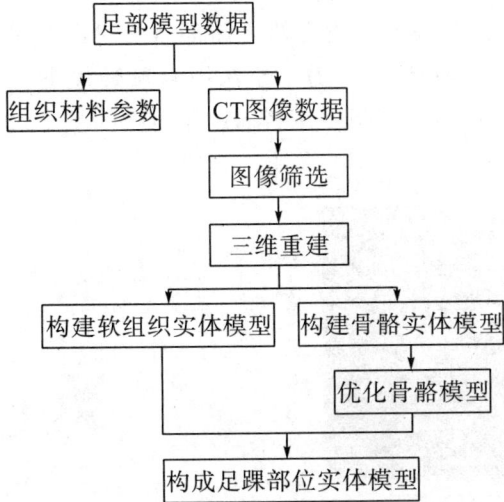

图 4−15　足踝几何模型三维重建流程图

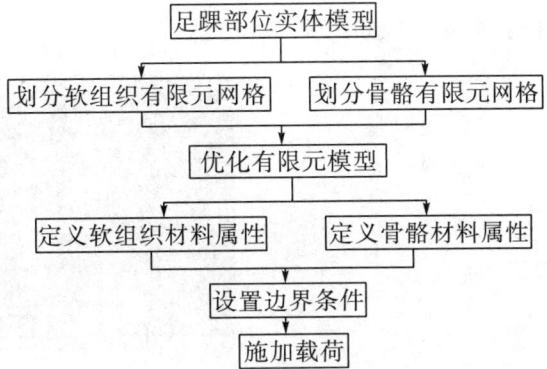

图 4−16　有限元模型的构建流程图

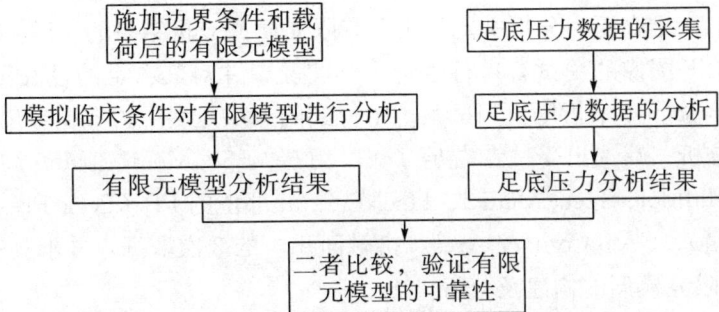

图 4−17　有限元模型的分析及验证流程图

3）足底压力数据的获取及分析

（1）足底压力数据的采集。

准确的足部有限元模型是确保研究准确性的前提，但由于受到多方面的影响。例如，CT 扫描产生的伪影；三维骨骼模型重建时造成的图像损失和误差；有限元法本身是将问题简化，无法完全重现足部骨骼的结构和其生物力学特点之间复杂的关系。而在分析过程中，边界的获取和载荷条件的设置并不能还原成与实际完全相同的三维仿真模型。在材料性质的定义方面，也不能做到完全的精确。基于上述误差的存在，必须对有限元模型的可靠性进行验证。有限元模型可靠性的验证，由文献报道主要是来源于活体标本实验和压力板数据采集。本次实验则是采用 Footscan 1 米板压力测试系统（RSscan international，Olen，Belgium）对受试者进行足底压力数据的采集。

在足底压力数据采集过程中，需要指定试者用两步法（Two-Steps Protocol，TSP）并以自选的速度裸足通过放置于 6 m 跑道中间的压力板。TSP 法是指受试者从静止开始第二步踏上压力平板并采集第二步足底压力的方法；同时该法已经被证实不仅能够减少单次测试时所需的步数，提高测试的效率，而且也能够提高步态的重复性[34,35]。在正式开始之前，受试者有3～5 min的时间用于热身，以便能够熟悉设备和流程；热身的过程被认为是能够有效减少系统误差的方法[36]。在每个阶段开始之前都需要对设备进行标定。左、右脚各需要完成 3 次完整的测试。在受试者用二步法以自旋速度通过Footscan 1 米板压力测试系统的同时，用高速摄像机记录下受试者通过压力板的整个过程。实验过程如图 4-18 所示。

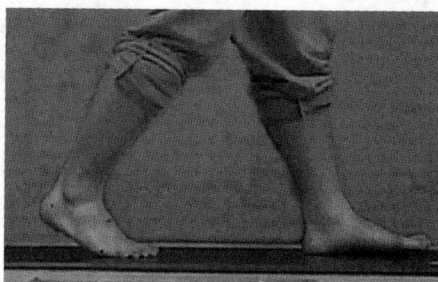

图 4-18　足底压力数据采集过程

（2）足底压力数据的分析。

在本实验中，足底压力分析主要是用于有限元模型分析结果的验证。因此，本实验只要求对提供 CT 图像的受试者进行生物力学实验，并对其右足的足底压力进行分析。将受试者在 Footscan 1 米板压力测试系统中得到的三次足底压力数据导出到 Excel 表格中进行数据的分析。筛选出受试者右足 Toe1、Toe2-5、Meta1、Meta2、Meta3、Meta4、Meta5、Midfoot、Heel Medial、Heel Lateral 部位的 PP（Peak Pressure，峰值压力）、PTI（冲量）、CA（Contact Area，接触面积）的 3 次数据，并求其平均值。

4）足部有限元模型的构建及分析

（1）足部模型数据的获取。

足部模型数据主要分为两个部分：一是足踝部位 CT 图像的获取；二是足踝部位各组织材料属性参数的获取。

随着医学影像技术的发展，医学扫描技术逐渐多样化，所得结果也越来越精确。而这些方法的引入使扫描所得的光学图像更加准确，为后期构建准确的三维模型提供了可能。

选取年龄为 22 岁的成年男性志愿者，足踝部位无病变、无外伤史，形态正常，X光检查无异常。该男子足长为 255 mm，身高 170 cm，体重 59.9 kg。受试者采用卧姿，用石膏托将右足在中立项进行固定，在非承重状态下，用 GE 公司的 Light Speed 16 层螺旋 CT 以 0.625 mm 的断层厚度、0.625 mm 的断层间隔从胫骨和腓骨的末端1/3处向下扫面直至离开人体，如图 4-19 所示。一共获得像素为 512 mm×512 mm 的 CT 图像 336 张。输出并且保存为 DICOM 格式，为后期逆向建模所用。

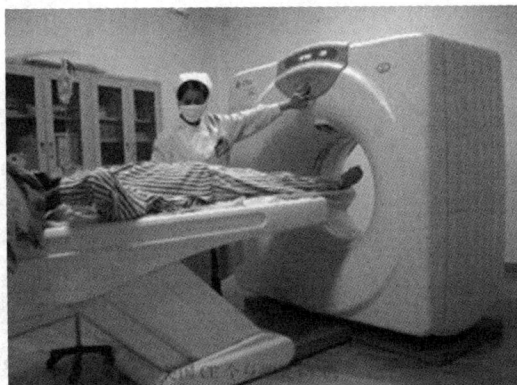

图 4-19　足部 CT 图像获取

　　在足部生物力学及相关领域内,有限元分析中最大的问题就是材料属性不确定性和复杂性。在进行有限元分析时,需要对每种材料的属性进行定义。而材料属性定义的正确与否会对模型分析结果的正确性产生直接影响。在本实验中,足部各组织材料属性参数的获取来自相关文献报道。为了简化模型和分析,目前所有组织都定义为均匀的等方线性弹性材料。骨组织的杨氏模量为 7300 MPa,泊松比为 0.3;软骨的杨氏模量为 1 MPa,泊松比为 0.4[37-38]。

　　(2) 基于 CT 图像对骨骼模型的三维重建过程。

　　将由 Light Speed 16 层螺旋 CT 扫描足踝部位获得的 337 张断层厚度为 0.625 mm,断层间隔为 0.625 mm,像素为 512 mm×512 mm 的 DICOM 格式图片导入 Mimics 10.01 用于逆向生成三维几何模型。导入的 337 张 DICOM 格式图片不能完全被使用,需要将不含有效成分的图片剔除。在本实验中,有效的 DICOM 格式图片为 331 张。除了剔除无效的图像之外,还需要在 3 个视图中编辑图像方向,导入后的图像如图 4-20 所示。利用 Mimics 10.01 逆向生成足踝部位的三维几何模型方法有两种:一种是利用阈值设置形成的区域图直接生成三维模型的重建;另一种是利用阈值设置通过生成自动闭合的多段线来提取骨骼表面线框,以实现三维模型的重建。

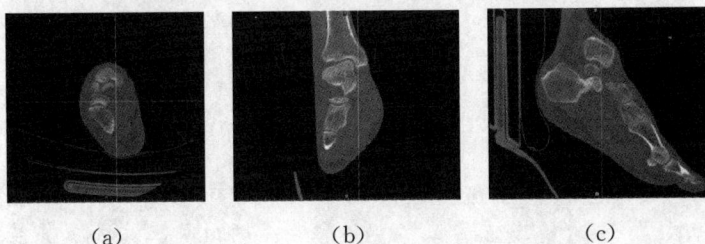

(a)　　　　　　　　(b)　　　　　　　　(c)

图 4-20　(a) 矢状面 CT 扫描图;(b) 冠状面 CT 扫描图;(c) 轴状面 CT 扫描图

　　利用阈值设置形成区域图直接生成几何模型关键在于阈值的设置和区域的编辑。由相关参考文献得知,骨骼的阈值设置为最小值 226,最大值 3071。在这一阈值范围内提取出有效的骨骼部分的区域数据,如图 4-21 所示。然后再由这些区域图逆向生成三维骨骼模型。为了方便建模和分析计算,由于趾骨在运动过程中相对独立,本实验将第一、第二、第三、第四、第五趾骨划分为一个整体,趾趾之间视为骨骨连接;将五块跖骨、三块楔形骨、两块籽骨、舟状骨、距骨、骰骨、跟骨、胫骨、腓骨分别放置于不同的区域图中，从而生成 21 个不同的区域，再由这些区域图生成三维实体。

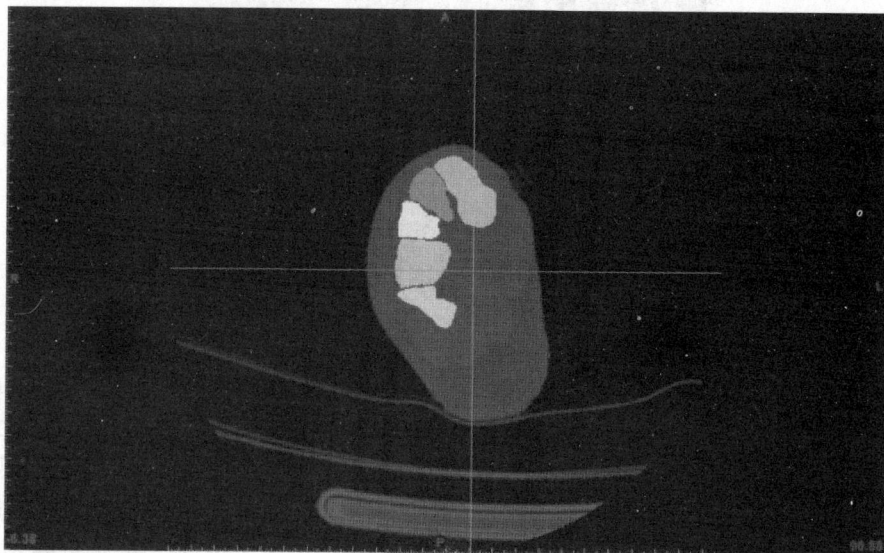

图 4—21　经过区域编辑后的足踝部骨骼轴状面图

利用阈值设置也可以通过生成自动闭合的多段线来获取骨骼轮廓线，以实现三维模型的重建。利用这种方法来逆向生成足部骨骼的三维模型，得到的骨骼模型烂面现象基本可以消除，但骨骼内部的形态结构无法确定，并且骨骼表面结构与实际结构也有一定的出入。对后期的分析结果会有一定的影响。由此方法生成的自动闭合的骨骼表面的多线段以及三维实体图像如图 4—22 所示。

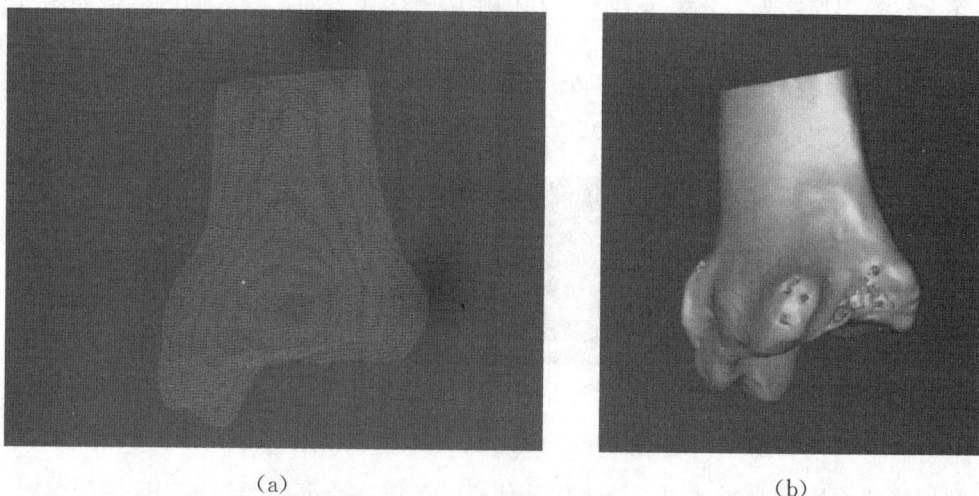

(a)　　　　　　　　　　　　　　　　　(b)

图 4—22　（a）以胫骨为例生成的自动闭合的骨骼表面多线段；（b）由多线段生成的骨骼实体模型

通过这两种方法都可以实现足部骨骼三维几何模型的重建。本次试验采用阈值设置形成区域图直接生成几何模型这种方法来完成足部三维几何模型的重建，一共得到的21 块相互分离的骨骼模型，如图 4—23 所示。

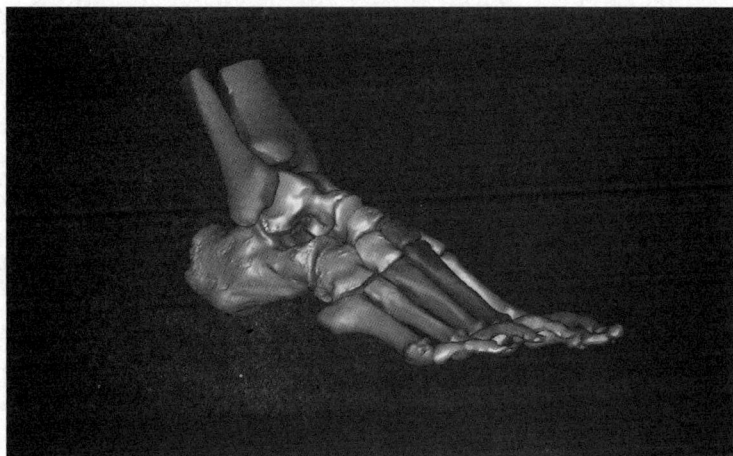

图 4-23　由区域图生成的足踝部三维实体图

（3）基于骨骼三维模型对软组织的构建过程。

为了简化模型和计算，本模型中的软组织只包含关节软骨。设定骨与骨之间由软骨相连接，并在软件中建立连接模型。此过程共生成模拟关节软骨的棍状模型 23 个。完整的实体模型如图 4-24 所示。

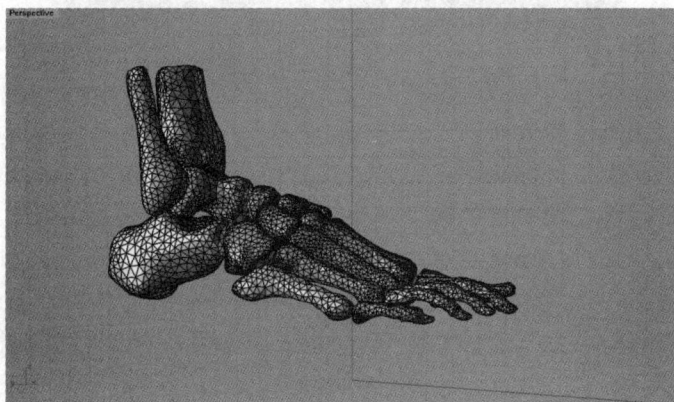

图 4-24　含有软骨的足踝部三维实体模型

（4）足部有限元模型的构建过程。

利用阈值设置形成区域图直接生成三维几何模型的方法得到的模型，在 Mimics 中以 stl 格式导出的网格模型，需要在 FEA 版块中对模型进行网格的重新划分。以距骨为例，骨骼模型的优化过程如图 4-25 所示，优化后的足部整体模型如图 4-26 所示。最后将得到的实体模型导入 Patran 2011 中进行有限元网格的划分。为了方便分析和计算，在本实验中将设置包括骨骼、关节软骨为均匀的等方线性弹性材料。设置骨骼、关节软骨网格单元属性为十节点四面体单元，并分别对其进行有限元网格的划分，在划分网格的同时对各个部位进行材料属性的定义。

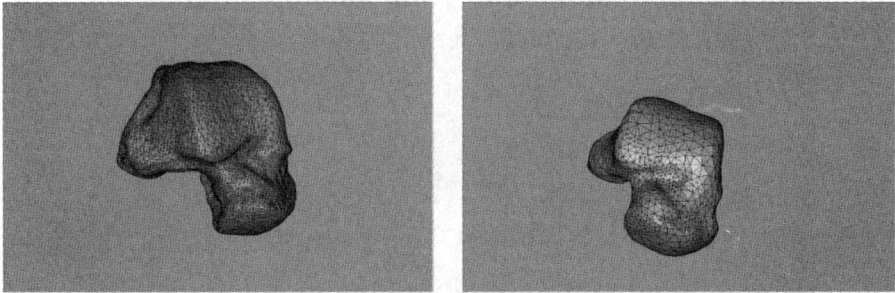

(a)   (b)

图 4-25　（a）未经优化的距骨实体模型；（b）优化后的距骨实体模型

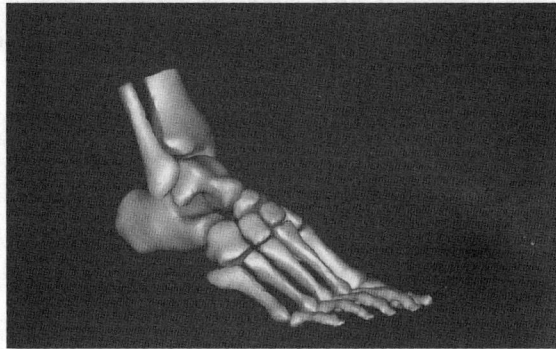

图 4-26　优化后的足部整体模型

（5）足部有限元模型的分析。

　　模型网格化以及赋予材料属性之后，需要对模型进行边界的限定和载荷的设定。在此过程中，由于骨与骨之间靠棍状模型，连接部位材料属性异于骨骼的材料属性，因此需要对模型各个关节处进行连接设定。将足部骨骼与地面接触的部位设置为限定边界，限定条件为（0，0，0）。由于本次试验只对受试者的右足进行分析，因此在设置载荷时只考虑右足承受的载荷。受试者体重为 59.9 kg，理想地设定受试者在行走过程的中立相时右足所受的载荷等于身体重力，则可得右足的受力为 599 N，方向为 Z 轴负方向，力的坐标为（0，0，-599）。施加载荷和边界条件后的有限元模型如图 4-27 所示。将设置了载荷以及边界限定的模型用 Nastran 求解器进行分析，得到分析报告。

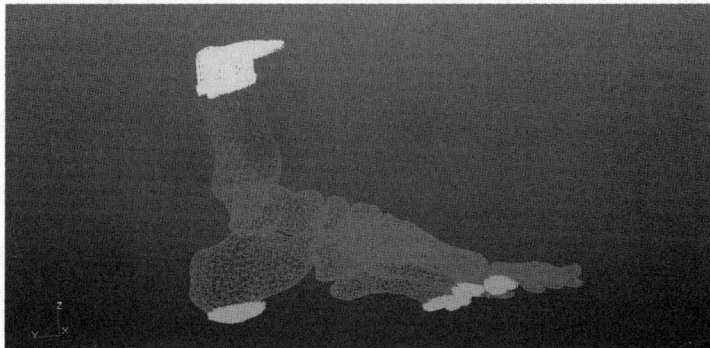

图 4-27　施加载荷和边界条件后的有限元模型

4.2.3.3 结果

1）有限元模型构建结果

基于 CT 图像对足部骨骼逆向重建之后产生了 21 个骨骼模型，后期软组织的构建包含了 23 个软骨模型。将三维逆向重建所得到的实体模型导入 Patran 中进行网格划分，最终得到含有 125531 个网格和 557144 个节点的有限元模型。生成的有限元模型中骨骼与软组织的单元属性见表 4-2。

表 4-2　骨骼与软组织的单元属性

名称	拓扑	边缘长度（mm）	网格数量	节点数量
骨骼	Tet10	5.24	103759	464287
软骨	Tet4	6.75	21772	92857

2）足底压力分析结果

由足底峰值压强数据可知，在第三跖骨部位存在着最大峰值压强，为 0.102 MPa，其次是后跟内侧、第四跖趾部位和后跟外侧。这些部位的峰值压强分别是 0.088 MPa，0.073 MPa 和 0.072 MPa。Footscan 1 米板测试系统所得的受试者右足生物力学数据分析结果见表 4-3。

表 4-3　受试者右足各部位 PP、PTI、CA 值

Name	PP（MPa）	PTI（MPa/s）	CA（cm²）
Toe1	5.267	1.200	13.467
Toe2-5	0.933	0.133	14.133
Meta1	5.267	1.433	17.900
Meta2	8.167	2.367	12.867
Meta3	10.230	3.200	10.000
Meta4	7.267	2.533	9.767
Meta5	3.167	1.033	9.267
Midfoot	1.433	0.533	40.400
Heel Medial	8.801	2.767	19.867
Heel Lateral	7.233	2.300	16.900

注：Toe1：第一趾部位；Toe2-5：第二至第五趾部位；Meta1～Meta5：第一至第五跖趾部位；Midfoot：足中部；Heel Medial：足跟内侧；Heel Lateral：足跟外侧。

3）有限元模型分析结果

有限元模型的分析结果通常有 3 种表现形式，分别是图像形式、图表形式和文字报告形式。在本实验中，需要的模型分析结果有受试者右足模型在施加 Z 轴方向 -599 N 的压力时产生的形变情况以及足底压力的分布情况。

垂直塌陷[39]是生物力学实验中常用来评测受试系统稳定性的指标，它是指受试平台在受到轴向方向施加的压力时而在各方向上所产生的位移。本实验对受试者右足模型施加 Z 轴方向 -599 N 的力之后，其 X 轴方向上的位移为 $0\sim0.317$ mm，Y 轴方向上的位移为 $0\sim0.549$ mm，Z 轴方向上的位移为 $0\sim0.815$ mm，整体的位移为 $0\sim1.074$ mm。图 4-28 为有限元模型的整体位移云图。

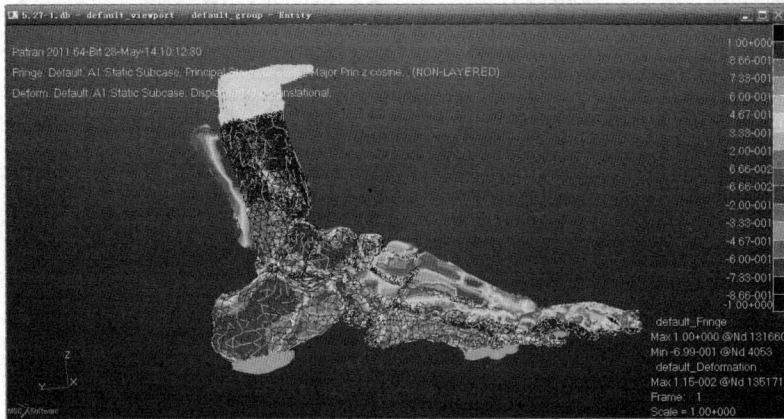

图 4-28　受试者右足有限元模型的整体位移云图

在本实验中，除了需要了解在特定压力时足部在各个方向所产生的形变大小之外，还需要足底压力的分布情况。根据有限元模型的分析结果，可知该有限元模型的足底压力最大值集中在第五跖趾内侧和后跟外侧，大小分别是 0.998 MPa 和 0.998 MPa。而由于有限元模型模拟的是受试者处在中立相时的右足形态，因此在分析时只列出了与地面有直接作用的部位，如第一至第五趾骨、第一至第五跖骨、跟骨这些部位的峰值压强。有限元模型整体压强云图如图 4-29 所示，有限元模型各主要部位的峰值压强值见表 4-4。

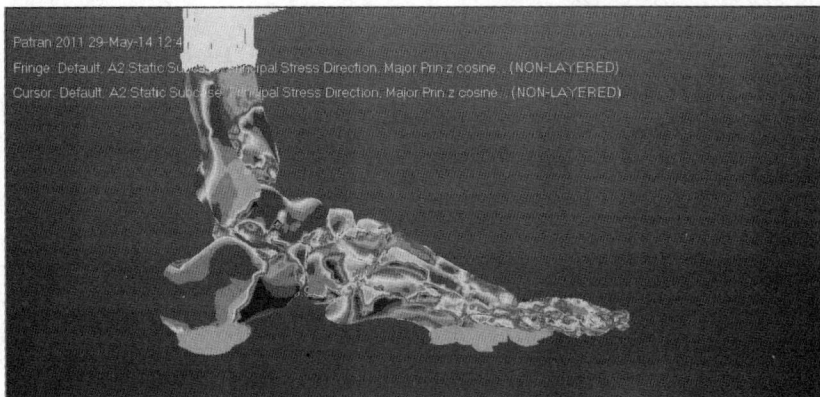

图 4-29　有限元模型整体压强云图

表 4-4　有限元模型各主要部位的峰值压强值

Name	PP（MPa）	Location Node Number
Toe1	0.996	37519
Toe2-5	0.987	40694

Name	PP（MPa）	Location Node Number
Meta1	0.980	34483
Meta2	0.984	49207
Meta3	0.997	42280
Meta4	0.994	41215
Meta5	0.995	41215
Heel	0.998	83131

4）实际测试结果与有限元模型预测结果的比较

从 Footscan 足底压力测试系统生成的足底压力分析结果报告中得知，受试者在行走过程中，足底最大值主要集中在第三至第五跖趾部位以及后跟部位。Footscan 测得足底压力分布如图 4-30（a）所示。而有限元模型的分析结果显示足底压力的最大值主要集中在足跟外侧、第四跖趾部位、第五跖趾部位，如图 4-30（b）所示。由对比可知，有限元模型分析结果与 Footscan 足底压力测试系统的分析结果所显示的足底压力分布基本一致，较高的接触压力值都集中在跖骨头下方和跟骨部位。

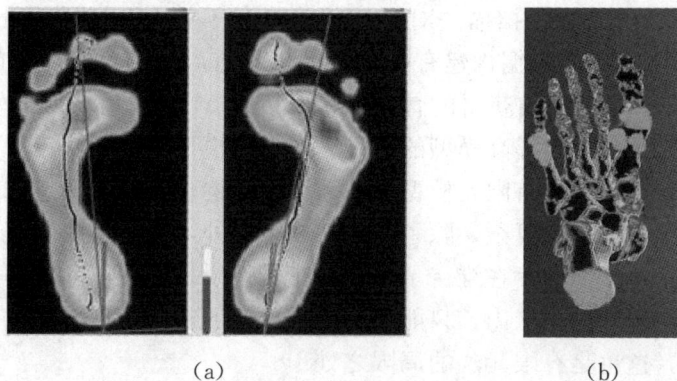

图 4-30　（a）Footscan 足底压力分布图；（b）有限元模型分析得出的足底压力分布图

由 Footscan 足底压力测试系统所得的第三跖骨部位具有最大值为 0.102 MPa，后跟内侧的峰值压强为 0.088 MPa、第四跖趾部位的峰值压强为 0.073 MPa，后跟外侧的峰值压强为 0.072 MPa。而由有限元模型分析结果得知，第三跖骨部位的峰值压强为 0.997 MPa，后跟部位的峰值压强为 0.998 MPa，第四跖趾部位的峰值压强为 0.994 MPa，见表 4-5。在数值上，实际测试的峰值压强与模型预测的峰值压强差距较大，这是由于有限元模型中只包含了骨骼和软骨，并没有包含足底脂肪垫和足底筋膜以及骨与骨之间的连接韧带，因此本实验中的有限元模型反映的是足部骨骼在受到 Z 轴方向 -599 N 的力之后各部位的压力情况。Footscan 足底压力测试系统所得的足部压力值反映的是正常足底，即含有足底脂肪垫的足底压力。而足底脂肪垫在足部活动中起到缓冲减震、保护内在结构的功能，它是人体与地面或其他足底支撑物直接接触和相互作用的介质，因此足部有限元模型预测的足底压力值要远大于 Footscan 足底压力测试系统获得的足底压力。

表 4-5　有限元模型预测足底压力与测试所得足底压力

Type	Meta3（MPa）	Meta4（MPa）	Heel（MPa）
FE model	0.997	0.994	0.998
Footscan	0.102	0.073	0.088

4.2.3.4　讨论

1）足部有限元模型构建方法的异同

在本研究中，对有限元模型的构建方法采用的是间接建模法，即首先利用 Mimics 10.01 软件将前期扫描得到的 CT 图像逆向生成足部实体模型，再基于骨骼实体模型构对关节软骨进行构建，然后对实体模型进行优化并根据实体模型构建有限元网格模型。在对关节软骨的构建过程中，是基于前期构建的骨骼实体模型以棍状模型来代替软骨模型，其形态与真实的软骨形态有所差异。而 Gefen 等[40]在通过 MRI 扫描图像重建软组织三维实体模型，并以此构建有限元模型再进行应力分析的实验，指出利用 MRI 扫描获得的医学图像重建的软组织三维实体模型更仿真，分析结果更接近实际结果，有限元模型的可靠性更强。但 MRI 扫描法对骨骼的成像又不如 CT 扫描对骨骼的成像清晰，因此单用 MRI 扫描获得的数据构建有限元模型也是有局限的。在后期的研究中，应该将二者结合起来，用 CT 扫描获得的骨骼图像，以及 MRI 扫描获得的软组织图像来共同对足部模型进行重建，以提高模型的精确度，保证模型的可靠性。

在本实验中，为了简化有限元模型，在软组织的构建方面，只考虑了关节软骨。而实际上足部软组织结构十分复杂，除了有关节软骨之外，还有足底筋膜、韧带、肌肉及足底脂肪垫等，这些组织的存在维持了足部的正常运动。但在实际建模过程中，不可能将足部所有的软组织都包含在内，只能构建关键部位的实体模型，因此有限元模型提供的仅仅是近似值，这也是有限元法的局限之处。

2）材料性质和接触条件定义方式的异同

在材料性质的定义方面，为了简化模型，提高后期分析效率，在本实验中将足部骨骼和关节软骨均定义为均匀的线弹性材料。而实际上，在 Clift 等[41]对关节软骨材料属性的研究中证实，关节软骨在随时间的变化的同时，其应力和应变的关系存在着一定的非线性，因此将关节软骨看成是一种非均匀的各向异性的材料更为合理。

在本实验中，将骨于骨之间连接视为有关节软骨连接。软骨与骨之间的连接设置为无缝连接，这种方法实际上是将足部看成是一个骨与骨之间无缝连接的整体，这与关节的屈伸活动、连接的性质等特性不符合。在划分软骨的有限元网格单元时，以实体单元划分形成的关节模型不仅受到压应力，还受到拉应力，这与实际的关节软骨性质不符合。将关节软骨以骨性条件连接，仅仅考虑到了软骨较硬骨小的弹性模量，而忽视了关节软骨优异的摩擦性能，会对分析结果产生一定的影响。

4.3　下肢动力学

4.3.1　基本原理

人体动力学是研究人体的运动与作用于人体的力之间关系的科学，是运动生物力学的分支，是体育科学、仿生机械学和动力学之间的交叉学科。人体动力学以力学定律为基础，把人体当作力学对象，研究其力学情况。动力学分析是研究不同姿态下各种作用力、力矩和功等参数，以此来解释各种动作的成因。其理论主要是基于牛顿定律以及多体系统动力学理论。在计算机技术发展的同时，多刚体系统动力学、计算力学等新的力学学科分支发展，使人体动力学的理论研究得以实施并有了新的发展。下肢动力学是人体动力学研究的一个重要组成部分，主要研究人体在运动过程中足部与支撑面之间的力学关系，主要包括足底压力参数、压力中心运动轨迹参数、剪切力参数、时间参数、下肢各肢段质量、惯性与惯性距、各关节力与力矩、运动中功与能的消耗以及下肢各肢体间的协调与平衡等。通过足部动力学的研究可了解行走过程中的足部力学特点，从而解释异常步态或描述足部发育过程等。下面就足部动力学中最常见的研究内容做简要介绍。

压力参数：在正常行走中，足部在接触地面的瞬间出现极大的作用力，随着行走逐渐降低，直至脚趾离开地面时出现另一次的极大值，对应接触面积先增大后减少。根据行走过程的这一特点，足底压力参数一般选择最大压强（peak pressure：PP）、冲量（pressure time intrgral：PTI）、接触面积（contact area：CA）。

压力中心运动轨迹参数：压力中心运动轨迹通过研究 x/y 轴偏移距离（deviation in x axis/deviation in y axis）、运动速度（velocity in x axis/velocity in y axis）、运动总距离（sum distance in x axis/sum distance in y axis）评价。

剪切力：主要包括前后剪切力（force－after shear）和侧向剪切力（force－literal shear）。前后剪切力是作用于行进方向上的地面水平反作用力，而侧向剪力是作用于垂直行进方向的地面水平反作用力。

时间参数：时间参数主要包括接触时间（start time：ST）、离开时间（end time：ET）。

4.3.2　下肢动力学测量技术概述

研究下肢动力学能够为下肢运动疾病诊断及治疗提供理论依据，如假肢设计、矫形器设计、肢体康复等[42－44]。下肢动力学测试技术经历了早期的足印技术，逐渐改进的足底压力扫描技术，以及新兴的测力板与测力台技术、压力鞋与鞋垫技术[45]，其中应用最广泛的是 Footscan 测力系统、Emed 测力板和 Pedar 测力鞋垫等[46]。足底压力测试系统的核心指标是时空分辨率、采样频率、准确性、灵敏性和校准标准等；同时高效性、灵活性、可移动性和成本问题也是决定其可应用的价值。现有研究表明，以上测试系统均具有较高的重复性和可靠性，下面将分别介绍它们的特点和应用领域。

Footscan 测力系统：Footscan 步态分析系统是由比利时 RSscan Internation 公司研

制（见图4-31）。Footscan平板属于压电式传感器，0.5 m的单步测力平板中汇集了大约1200个传感器，传感器的密度为1个/cm²，采样频率最高为250 Hz。Footscan测力系统默认将足底分为10个区域，如图4-32所示，分别为第一拇指区域（T1）、第二至第五拇指区域（T2-5）、第一跖趾区域～第五跖趾区域（MTH1～MTH5）、足中部区域（MF）、足跟内侧区域（MH）和足跟外侧区域（LH）。

图4-31 Footscan足底压力分布、步态分析系统

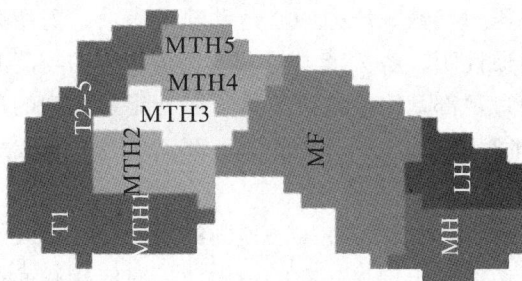

图4-32 Footscan测力系统足底分区

Footscan测力系统的主要功能包括实时动态显示、连续回放、中心压力检测、接触面积计算、二维轮廓显示、三维压力显示、峰值压力描绘、压力和时间积分计算、图形分析等。

Emed测力板：由德国Novel公司研制，主要采用电容式传感器技术。测试板的传感器平面大小为500 mm×300 mm，传感器密度为2～9个/cm²，采样频率为25～100 Hz。Emed系统能够给出总压力、最大压强和作用面积随时间的变化过程，系统可以在外部与其他测试仪器（如EMG系统、录像系统）同步连接或输出同步脉冲作为控制信号。

Pedar测力鞋垫（见图4-33）：该产品测试原理与Emd完全相同，单只鞋垫是由99个传感器组成，测试范围为1～60 MPa，采样频率在有线情况下最高为100 Hz，无线情况下最高为50 Hz。

图4-33 Pedar测力系统及鞋垫

4.3.3　案例分析——2~6 岁儿童足底压力分布机制研究

4.3.3.1　引言

儿童从出生开始，身体各部位的结构和功能迅速发育，其中足部的变化发生在独立行走之后到 6 岁和 6~11 岁这两个阶段。在第一个阶段，完成了从出生时足部所表现出的软骨结构到骨骼的完全骨化并形成坚硬的骨头、从足中部由脂肪垫构成并表现出生理性的扁平足到足弓的形成、从蹒跚学步到独立行走；而在第二个阶段，由于身高的显著增加增大了步长和步幅，从而使得步频得到了降低。在这两个阶段中，足部骨骼和肌肉的改变导致了足底压力分布发生了一系列的转移和变化，通过观测和分析这些变化，来对足部骨骼和肌肉的功能进行研究。

在现有研究中，Bosch 等[7,36,47]系统地对 13 个月（开始独立行走）至 128 个月（足部基本发育完成）的儿童的足底压力分布进行了采集和分析，并且依据所研究的儿童样本建立了足底压力分布的相对标准模型；类似的，Hallemans[15,48]通过研究在独立行走之后 5 个月内儿童足底压力分布的规律去理解儿童足部结构和功能所发生的显著变化。Alvarez[49]研究了 146 名年龄为 1.6~14.9 岁的儿童足底压力分布；类似地，Hennig[50]测试了 125 名年龄范围为 6~10 岁的压力峰值和相对足底压力分布，并且将儿童的数据同成年人的对照数据进行了比较。在足底压力转移算法方面，仅有 Bus[51]报道了糖尿病患者穿着减压鞋垫时足底压力分散的机制。现有的研究并未基于足底压力分布的模型，对随着年龄的增加足底压力的转移规律进行过探索；同时，也并没有定量比较足底结构和功能的发育与足底压力转移规律的关系。

因此，本案例将设计适用于儿童的足底压力转移算法模型，并基于这个模型对 319 名 2~6 岁健康儿童的足底结构功能和足底压力转移的关系进行研究。我们的假设是：2~6岁儿童足底结构发育的重要事件是足弓的形成和足部高密度脂肪组织的形成，足部受力变化主要发生在后跟和前掌，因此我们假设足中部的应力主要向后跟区域，然后向前掌区域转移；其中，后跟外侧和前掌内侧为重点的应力转移区域。

4.3.3.2　实验

1）样本

319 名年龄为 2~6 岁的健康儿童参与到本研究中。样本筛查标准为：通过外观检查排除足畸形的受试者；BIM 服从健康指标的范围；能够独立行走。整个实验的测试方法和流程在实验开始之前告知其父母，并取得父母的口头同意之后开始进行。此外，整个实验的过程遵循《赫尔辛基宣言》的有关伦理道德方面的要求。

2）采集方法

儿童足底压力数据通过 Footscan 足底压力测试系统（Footscan one meter plate, RSscan Int., Belgium）进行采集。该系统采样频率最高为 250 Hz，传感器密度为 $1\sim2\ cm^{-2}$，测试量程为 0~200 MPa。受试者采用两步法（Two Steps Protocol, TSP）并以自选的速度裸足通过放置于 6 m 跑道中间的压力板。TSP 法是指受试者从静止开始第二步踏上压力平板并采集第二步足底压力的方法[52]。在正式开始之前，受试者有 3~5 min 的时间用于热身，从而能够熟悉设备和流程。在每个阶段开始之前都需要对设备进行标定。左、右脚各需要完成 3 次完整的测试。

3）数据处理方法

足底压力分布由 Footscan 分析软件自动划分为 10 个区域，分别是拇指部位（hallux：T1），第二至五小趾部位（toe2－5：T2－5），第一至第五跖趾部位（1st to 5th metatarsal head：MTH1－5），足中部（mid foot：MF），后跟内侧（medial heel：MH）和后跟外侧（lateral heel：LH）。对每个区域分别计算冲量（pressure time integral：PTI）。为了便于数据之间的比较，对 PTI 进行归一化处理。PTI 的归一化则通过计算其百分比例来实现，并转换成为相对冲量（relative pressire time intrgral：PTI_{rel}）（%）＝［$PTI(X_i)/\sum PTI(X_i)$］×100%（X_i 表示任一压力区域）[15]。

4）足底压力转移算法

足底压力转移的算法原理是：首先通过对不同年龄阶段的相对冲量（relative pressure time integral，PTI_{rel}）平均值进行两两比较，得到两两年龄之间的相对冲量的差异；然后根据每个区域的差异数值，反向计算足底压力在各区域的转移轨迹。通过压力的转移，来定量说明足部肌肉骨骼随着年龄的增加所发生的变化。

足底压力转移的算法的主要实施步骤如下：

（1）将儿童足底压力区域划分为 10 个区域，分别是拇指部位（hallux：T1），第二至五小趾部位（toe2－5：T2－5），第一跖趾至第五跖趾部位（MTH1－5），足中部（mid foot：MF），后跟内侧（medial heel：MH）和后跟外侧（lateral heel：LH）。为了简化前掌区域来对计算进行说明，我们对区域进行合并：第一跖趾部位（medial MTH：MMTH），第二、三跖趾部位（central MTH：CMTH），第四、五跖趾部位至第五跖趾部位（lateral MTH：LMTH）。同时足底区域划为 4 个层级：脚趾区域（Level1）、前掌区域（Level2）、足中部区域（Level3）和后跟区域（Level4），如图 4－34（a）所示。

（2）计算各区域相对冲量。

（3）对两两年龄之间在各区域的差值进行计算，如 2 岁平均数据减去 3 岁的平均数据，正值为减小，负值为增大。如图 4－34（b）所示，示例中数据来源于本项目前期数据积累 200 名 2～6 岁健康儿童的样本。

（4）根据所得到的各区域的冲量的差值，反向进行力的转移计算，明确受力增加趋势和减小趋势。

（5）力的转移需要遵循以下的原则：受力的转移路线只能从按照从两端向中间转移，即脚趾区域—前掌，前掌—足中部，后跟—足中部；同时，在同一个层级区域内部，压力转移是向内侧和外侧均匀转移。层级内部的受力转移要优于层级之间的受力转移，如图 4－34（c）所示；层级内部转移完成后，需要对相邻层级的受力转移进行计算，如图 4－34（d）所示；最后的受力转移发生在间隔的层级之间，如图 4－34（e）所示。

（6）最后绘制两两年龄间的足底压力转移图，如图 4－34（e）所示。

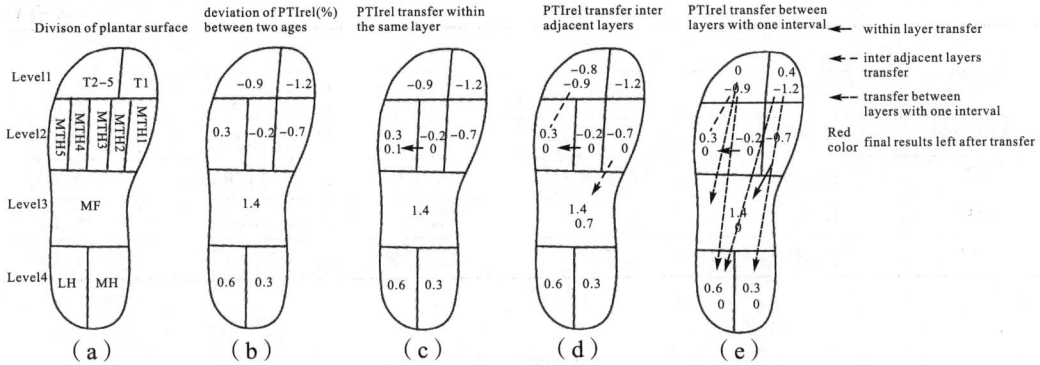

（a）：层级及足底压力分布区域定义；（b）：相邻年龄间的 PTIrel 差值；（c）：层级内部的压力转移；（d）：相邻层级间的压力转移；（e）：间隔层级之间的压力转移

图 4-34　足底压力冲量的转移路线图

4.3.3.3　结果

319 名年龄为 2~6 岁的健康儿童的基本信息见表 4-6。

表 4-6　2~6 岁的健康儿童的基本信息

参数	age 2			age 3			age 4		
	n	Mean	SD	n	Mean	SD	n	Mean	SD
age	9	2.6	0.5	59	3.6	0.2	56	4.5	0.3
height	9	97.1	14.3	59	98.4	6.4	56	102.0	7.0
weight	9	16.3	4.3	59	16.5	2.2	56	17.4	2.8
sex	4/5			29/30			29/27		

参数	age 5			age 6		
	n	Mean	SD	n	Mean	SD
age	53	5.3	0.3	142	6.4	0.4
height	53	107.1	4.8	142	119.0	5.7
weight	53	18.7	2.9	142	23.3	4.1
sex	30/23			73/69		

2~6 岁儿童各足底区域相对冲量见表 4-7，不同年龄段压力转移轨迹如图 4-35 所示。

表 4-7　2~6 岁儿童各足底区域相对冲量

regions	age				
	2	3	4	5	6
T1	5.3%	6.3%	6.1%	6.1%	6.8%
T2-5	3.7%	2.0%	2.3%	2.8%	2.0%
MTH1	6.9%	6.0%	6.6%	6.5%	6.6%
MTH2	12.5%	15.3%	14.2%	14.5%	13.0%
MTH3	11.2%	14.0%	13.7%	14.2%	13.2%
MTH4	10.7%	12.5%	12.9%	12.9%	11.2%

regions	age				
	2	3	4	5	6
MTH5	4.9%	4.5%	4.9%	4.6%	4.6%
MF	20.0%	17.1%	15.1%	14.8%	11.9%
MH	13.1%	11.6%	12.6%	12.6%	16.6%
LH	11.8%	10.7%	11.7%	11.1%	14.2%

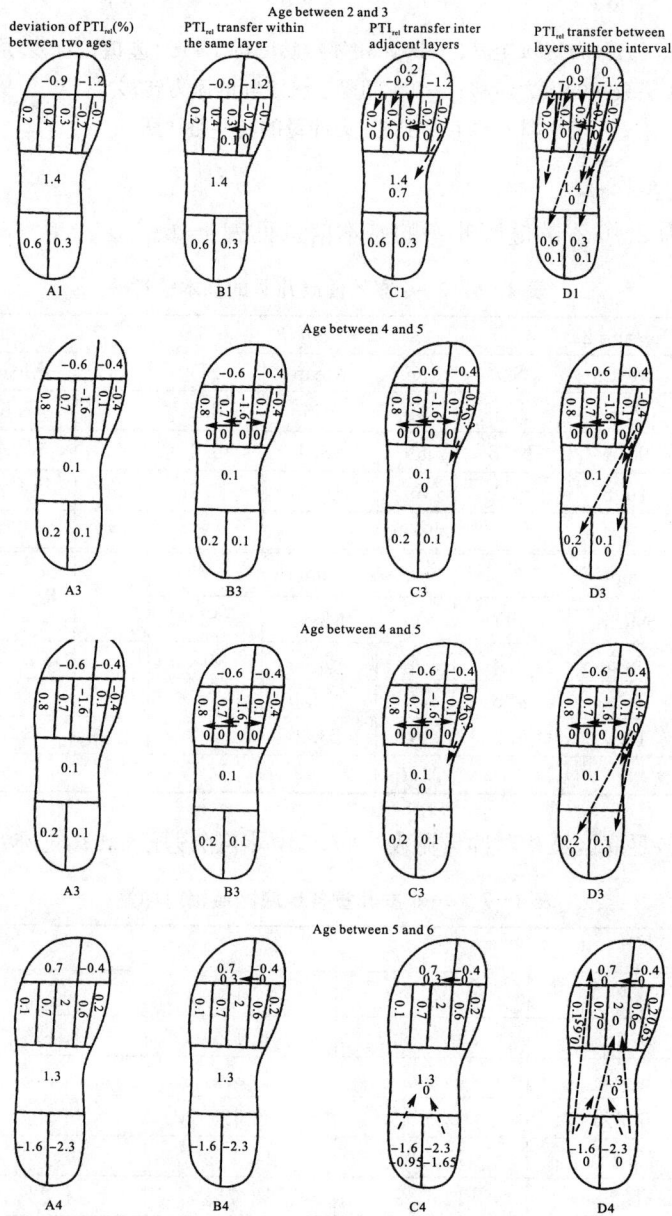

图4－35　不同年龄段压力转移轨迹

2～3 岁儿童组间，3 岁儿童的前掌中部（MTH2，MTH3 和 MTH4）和拇指部位的 FTI_{rel} 高于 2 岁儿童（见图 4－35A1）。一方面，前掌中部增加的 FTI_{rel} 来自第五跖趾部位（MTH5）、第一跖趾部位（MTH1）、足中部以及后跟部位，其中，足中部贡献了 2.9％的 FTI_{rel}（见图 4－35C1）；另一方面，拇指部位增加的 FTI_{rel}（0.9％）主要来自小指部位的转移压力，同时，其也贡献了 0.9％ FTI_{rel} 到前掌中部；此外，通过横向水平力的转移，从脚后跟总共转移了 2.6％ FTI_{rel} 到前掌中部（见图 4－35D1）。

3～4 岁儿童组间（见图 4－35A2～D2）、4 岁儿童 MTH2 和 MTH 3 的 FTI_{rel} 有所减少，这些减少的 FTI_{rel} 优先转移到 MTH1、MTH4 和 MTH5。后跟部位 FTI_{rel} 的增加主要来源于足中部压力转移。压力转移主要发生在足前掌部位。

4～5 岁儿童组的压力分布情况相似，相对冲量最大的区别不超过 1％（见图 4－35B3）。从足中部转移到 MTH2 和 MTH3 部位的压力仅有 0.3％，而从后跟部位转移到第二至五小趾部位的压力约有 0.5％。

5～6 岁儿童组间，6 岁儿童组前掌中部的 FTI_{rel} 均低于 5 岁儿童组，而后跟部位则是最主要的增长区域，其增长来源于足中部（2.9％）、前足（3.9％）以及第二至五小趾部位（0.2％）的压力转移。

各年龄组间可靠性分析结果显示，ICC 值均高于 0.75（$ICC=0.918$，$P=0.000$ for age 2；$ICC=0.882$，$P=0.000$ for age 3；$ICC=0.896$，$P=0.000$ for age 4；$ICC=0.890$，$P=0.000$ for age 5；$ICC=0.893$，$P=0.000$ for age 6）。

4.3.3.4. 讨论

在本研究中，我们对 319 名 2～6 岁健康儿童足底 PTI_{rel} 数据进行采集，然后对随年龄的增加其在足底压力分布的特点和规律进行研究。我们的结果显示，在独立行走后的 1 年内，MTH1 和 Hullux 成为应力的重点转移方向；而随着年龄的增加，应力转移逐渐向前掌外侧移动，并在 5 岁前保持稳定；到 6 岁时，足中部和前掌区域的应力重点向后跟区域转移。通过对儿童足底不同区域的应力转移情况进行分析，来定量说明儿童足底结构和功能随年龄的增加所发生的变化。

在腰窝区域，现有的研究显示[53-57]，MF 区域在儿童独立行走早期填充有脂肪垫，这种结构能够有效地缓解儿童在足部发育完成之前所受到的体重快速增加的影响；而 Hennig 等[50] 的结果显示，与成年人相比较，幼儿 MF 区域具有相对较大的接触面积和相对较高的压强值。由于纵足弓的发育，脂肪垫随之逐渐消失，而 MF 的接触面积和压强均表现出随年龄的增加而减小的趋势。除了纵足弓，位于前掌区域的横足弓同样在这十年的时间中发生了显著的功能和结构的变化。Bosch 等[7] 的研究指出，MFF 区域的 PP 和 CA_{rel} 均随儿童年龄的增加而显著增大。本研究的结果指出，2～3 岁时独立行走后的第一年，虽然在独立行走后短期，步态已经主要形成后跟触地型，但是步态机制中的缓冲和铰链尚未完全成熟，仍处于发育之中。因此，具有强有力的前掌和跖趾及拇趾部位是保障幼儿行走的重要因素。在 3～4 岁阶段，幼儿的步态和足部结构和功能进一步完善，由于铰链机制，使得足底压力中心运动的轨迹逐渐趋向于成年人，即在后跟触地伊始、由后跟外侧沿腰窝区域向前掌外侧运动；在后跟离地后，逐渐从前掌外侧向前掌内侧转移，直至脚趾离地。在 4～5 岁阶段，整体 PTI_{rel} 分布说明了这个阶段足部和步态处于一个相对稳定的时期；在5～6岁阶段，足弓发育成熟，足底的主要受力区域在纵足弓和前掌横足弓的作用下，在后跟、前掌内侧和外侧形成了稳定的三点受力结构，并定型为儿童未来的步态机制。因此，本研究的结果进一步验证了现有研究报道的儿童足底压力发育的趋势[56-57]。

4.4　下肢运动学

4.4.1　基本原理

运动学是描述物体运动的科学方法，主要包括在各种动作行为下，人体各部位相关的运动学参数，如位移、速度、加速度、角速度、角加速度等。下肢运动学是研究人体下肢时—空参数运动规律的方法。

行走是一个周而复始的过程，一个步态周期指的是某一侧下肢从接触地面到再次接触地面的过程。按照下肢着地的情况分为着地期和摆动期（见图4-36）：将足跟接触地面到脚趾离开地面的过程，称之为着地期，一般占步态周期的60%，可将着地期具体分解为接触初期、压力承受期、站立中期、站立末期和摆动前期；将足部完全离开地面到再次接触地面的过程，称之为摆动期，一般占步态周期的40%，可将摆动期具体细分为摆动初期、摆动中期和摆动末期。通过研究异常步态可协助临床诊断、机理研究和康复治疗等，是康复医学中最常用的评价手段[58-59]。

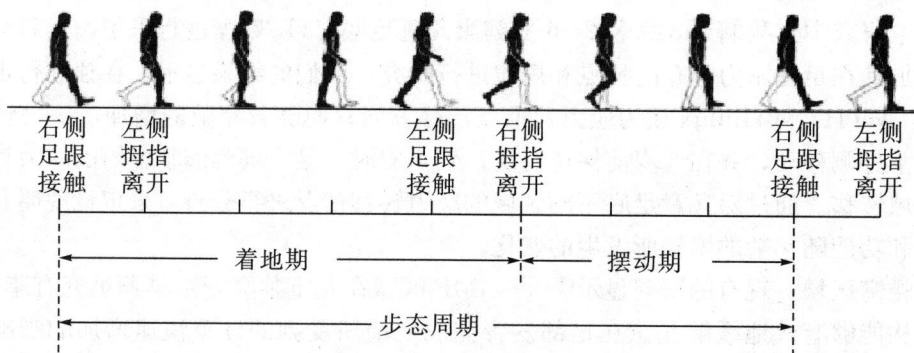

图4-36　步态周期示意图

人体的运动协调性作为多学科的基础理论问题，长期以来受到了不同领域研究人员的关注，但在不同领域对运动协调性的理解又不尽相同。普拉托诺夫[60]认为，协调性是人们迅速、合理、省力和机敏地，特别是在面对复杂环境的突发情况时也能以自身的最好状态完成任务的能力。Bernstein[61]提出的"自由度"概念则表明，运动协调性是指人体对于身体自由度的有组织控制；同时，该概念所构建的运动观，为协调性的研究提供了很好的理论基础。运动协调能力作为评估人体运动适应能力的重要因素，对保证人体正常的运动能力起到了至关重要的作用。因此，人体运动协调能力研究是人体运动学研究中的重要组成部分。

运动协调性的研究方法有很多，专家学者们多根据自己的研究目的选择相应方法进行分析研究。根据Bernstein[61]提出的"自由度"概念，对于运动的协调性研究都是根据自由度来进行评估。这些方法主要分为以下 3 大类：

（1）重要时刻定量法（Discrete Methods）[62−63]。该方法是指对于身体骨肌系统自由度在重要的时刻进行相关关系的量化，包括时间序列法（Time Series）、图像往返法（Return Maps）等。

（2）连续时刻定量法（Continuous Methods）[62−64]。该方法是对一段连续时间上的骨肌系统自由度关系进行量化分析，包括向量分析法（Vector Coding Techniques）、连续相对时相法（Continuous Relative Phase）等。

（3）数理拟合定量法[63]。该方法主要是利用数学方法对于骨肌系统的自由度关系按照一定逻辑拟合形成量化的指标，包括互相关法（Cross Correlation）[65]、函数型数据分析法（Functional Data Analysis）[66−67]等。

下面对部分方法进行简要介绍。

1）时间序列法

时间序列法是指随着时间变化的一系列离散的数据，时间序列可以用一个函数 $X(t)$ 来表示，其中 t 表示时间的一系列离散值。当时间间隔 $\Delta t = t_i - t_{i-1}$ 时，表示连续时间序列连续。在时间序列的应用上，例如在步态分析中，将一个步态的初始阶段，着地期的初始相定为时间 0，将同一只脚在此触地的时间记为 T，则在这个步态周期中，时间对于总周期时间的比值就可以确定该步态完成的程度。通常情况下，时间序列法并不单独出现，一般要与其他方法结合使用。

2）图像往返法

图像往返法是指一个方程的循环迭代，该迭代将一个点按照一定时间延后映射到另一个点。在一系列的运动参数中，比较多个周期中连续的时间参数曲线以及其平移后的曲线，将最高的相似度作为其平移量来量化协调性[63,68]。Kelso 等[69]通过计算肢体之间的离散相对相位，并在不同滞后的返回图中绘制出人体多肢体协调中的多个频率比和相位吸引点。

3）向量分析法

协调性是对于自由度的描述，而相对运动则依托点—点图来表达[70]，但这些方法只能完成定性分析。Miller 等[64]使用了如下公式去计算在角—角图中的相邻两点间的垂直轴与水平轴方向向量的夹角作为时相差角，并最终实现了对协调性的定量分析。该计算公式中的 $\theta_1(i)$ 和 $\theta_2(i)$ 表示了 i 点在 x 轴与 y 轴上的坐标。

$$\theta_{vc}(i) = \arctan\left[\frac{\theta_2(i+1) - \theta_2(i)}{\theta_1(i+1) - \theta_1(i)}\right], \quad i = 1, 2, \cdots, n-1 \qquad (4-1)$$

4）连续相对时相法

连续相对时相法是在研究协调性中利用较为广泛的一种方法，它通过公式将关节的角度和角速度标准化，再利用标准化后的角度和角速度来表示时相角，同时与另外一个相邻关节的时相角作差，得出它们之间的协调性关系[71]。

$$\bar{\theta} = 2\left[\frac{\theta - \min(\theta)}{\max(\theta) - \min(\theta)}\right] - 1 \qquad (4-2)$$

$$\bar{\omega} = \frac{\omega}{\max(|\omega|)} \qquad (4-3)$$

$$\varphi(i) = \arctan\left[\frac{\overline{\omega}(i)}{\overline{\theta}(i)}\right], \quad i = 1,2,\cdots,n \tag{4-4}$$

$$\theta_{CRP}(i) = |\varphi_1(i) - \varphi_2(i)| \tag{4-5}$$

在连续相对时相法中，时相差角在 0°~180° 之间取值：当在 0°~30° 之间时，表示肢体间采用正相协调（in-phase）；当在 150°~180° 之间时，肢体之间使用逆相协调（anti-phase）；当在其他角度中取值时，肢体间采用异相协调（out of phase）。同时，该方法主要针对周期性的运动。但是有时候也会遇到时相角不连续的情况，处理这种问题的解决方法如下：

如图 4-37 所示，计算时相角时，利用标准化后的 θ 和 ω 的反正切函数求出时相角的值，然而该函数在返回值时，会默认返回在区间 $[-\pi/2, \pi/2]$。在时间序列分析中，我们希望这个角度是连续的，所以我们要将返回的值定义在正轴上，使得返回值区间在 $[0, \pi]$。

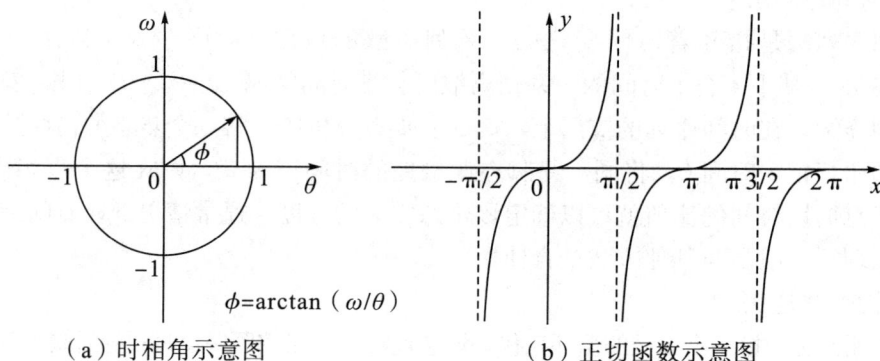

（a）时相角示意图　　　　（b）正切函数示意图

图 4-37　时相角和正切函数示意图

因此，我们第一步需要做的就是判断角度的正负，确定是否需要添加一个周期 π；第二步是判断角速度的正负，确定是否需要返回相反数。

对于图 4-37（a）中：

当该关节的角度角速度在第一象限时，此时的时相角即为计算值：

$$\varphi = \arctan(\omega/\theta)$$

当该关节的角度角速度在第二象限时，此时的时相角即为计算值加上一个周期（π）：

$$\varphi = \arctan(\omega/\theta) + \pi$$

当该关节的角度角速度在第三象限时，此时的时相角即为计算值的相反数加上一个周期（π）：

$$\varphi = -\arctan(\omega/\theta) + \pi$$

当该关节的角度角速度在第四象限时，此时的时相角即为计算值的相反数：

$$\varphi = -\arctan(\omega/\theta)$$

图 4-38 是在角度制下的膝关节时相角的处理前后对比图。图中虚线为处理前的时相角的角度数据，实线是处理后的角度数据。从图中可以看出，处理后的时相角明显是正确连续的。

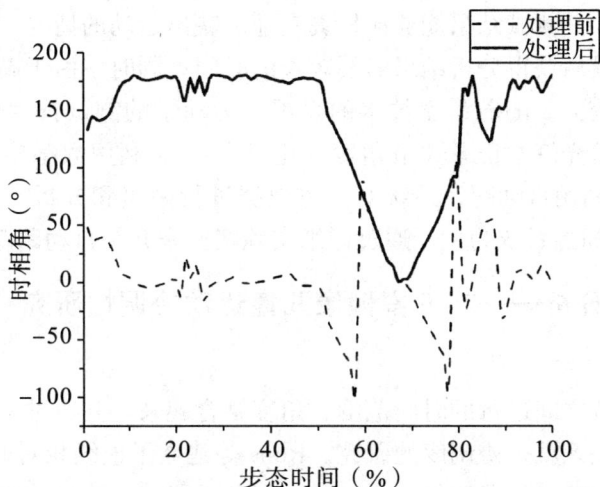

图 4-38 时相角处理前后对比图

5）互相关分析法

Winter[72]提出了互相关分析法，旨在量化时间序列间的关系。该方法通过对时间序列在各种相位差下进行线性拟合，能够定量运动协调性时间序列间的变量时序和幅度之间的相似度[73]。

$$r_{xy}(k) = \frac{c_{xy}(k)}{\sqrt{c_{xx}(0)\,c_{yy}(0)}} \tag{4-6}$$

$$c_{xy}(k) = \begin{cases} \sum\limits_{t=1}^{N-k}(x_t - \bar{x})(y_{t+k} - \bar{y}) + \sum\limits_{t=N-k+1}^{N}(x_t - \bar{x})(y_{N+k} - \bar{y}), k = 1, 2, \cdots, N \\ \sum\limits_{t=1}^{N-k}(x_t - \bar{x})(y_{t+k} - \bar{y}) \quad k = 0 \end{cases}$$

$$\tag{4-7}$$

$$c_{xx}(0) = \sum_{t=1}^{N}(x_t - \bar{x})^2 \tag{4-8}$$

$$c_{yy}(0) = \sum_{t=1}^{N}(y_t - \bar{y})^2 \tag{4-9}$$

式中，k 表示相位差；r 表示相关程度；x 和 y 代表了两组时间序列。

6）函数型主成分分析法

Ryan[67]提出了使用函数型主成分分析法，用于定量分析协调性。该方法是将各个关节的运动点—点图作为一个函数整体，并做主成分分析，从而获得少数独立有代表性的运动方式，少量的样本来量化各自协调方式。

4.4.2　足部运动学测量技术概述

在 20 世纪 80 年代，人体运动参数的测量一般采用高速电影摄影机进行实地拍摄，然后对影片进行数字化后进一步做出分析。由于这是一种非接触式的测试，不妨碍人体的正常运动，因此，其测试结果能够比较真实地反映出运动的情况。但这种方法的缺点是：从现场拍摄到最后获得分析结果需要较长的时间；同时，由于高速摄影要使用大量胶片，器材消耗也较大。随着科学技术的发展，运动学的测试技术也发生了极大的变化，从早期的利用发光灯泡记录关节角度变化[74~75]，到利用数字检影技术测量步态参数[16]，再到今天可利用自动跟踪系统对人体数据进行采集和分析[76]。下面我们以 Co-daMotion 三维动作捕捉系统为例，通过详细实验案例来介绍自动跟踪系统测量方法。

4.4.3 案例分析——3~6 岁健康儿童运动协调性研究

4.4.3.1 引言

将身体各个部位之间运行的时间范围、角度结合起来，并通过一定的算法来计算各部位之间的协调性关系就是协调度的研究。Ross 等建立了连续相对时相法的数学模型，并与其他定量评价方法进行了比较；Chang[77] 和 Leardini[78] 等对人体行走时后脚—前脚的协调性的定量分析；Shiu-Ling Chiu 等[79] 研究了年轻人和老年人不同行走速度时相关关节的协调性；Gittoes[80] 对高速奔跑情况下下肢关节之间的协调能力进行的分析等都采用了连续相对时相法。然而，针对儿童的运动协调性研究也重点集中在脑瘫的运动和平衡方面，现有的研究并未有针对 3~6 岁健康幼儿跨越障碍物的肢体运动协调性研究的报道。

儿童 3~6 岁年龄段是其动作与心理发展的重要阶段，是个体接受早期教育的开始。儿童肢体补偿策略和运动协调能力的发展对运动能力形成和培养起着重要作用。而运动能力发育的好坏对儿童供能系统、内分泌系统与神经、肌肉系统的协同发展非常重要。从运动能力的本质来看，儿童所表现出来的这些补偿机制和协调性是在"神经—肌肉—骨骼"机制的统筹下来完成的。然而，"神经—肌肉—骨骼"的机制通常不能够被直接观测，需要借助由"神经—肌肉—骨骼"的机制所产生的结果，即通过对运动动作反馈的研究来间接证实"神经—肌肉—骨骼"的特点和规律。

因此，本研究通过加设障碍物的方式，来激发儿童对于这种改变的反馈。通过三维动作捕捉系统记录这些反馈，能够定量分析 3~6 岁健康儿童对环境变化做出的策略调整及肢体协调性的机制和特点，从而直观地反映出儿童运动发育成熟的程度，为儿童运动能力发育迟缓做出评价，并为提高儿童运动能力提供理论依据。

4.4.3.2 实验

1）研究对象

本次实验共招募 3~6 岁儿童共计 45 名以及作为对照组的成人 10 名进行研究。参与测试人员的样本参数情况见表 4-8。

表 4-8　测试人员的样本参数情况

年龄	数量	男/女	年龄		BMI		腿长	
			平均值	标准差	平均值	标准差	平均值（m）	标准差
3	10	5：5	3.7	0.3	15.1	1.2	0.468	19.1
4	10	5：5	4.3	0.3	15.2	1.2	0.530	33.7

年龄	数量	男/女	年龄		BMI		腿长	
			平均值	标准差	平均值	标准差	平均值（m）	标准差
5	12	7：5	5.1	0.4	15.4	1	0.556	41.0
6	13	6：7	5.9	0.2	14.2	1	0.592	43.0
成人	10	5：5	34.6	11	21	1.9	0.845	64.1

受试者的步态时—空参数通过 CodaMotion 三维动作捕捉系统采集（见图 4-39）。测试前，首先使用 Helen-Hayes 标记法，对受试者的关键部位点进行标记[81]。对于幼儿而言，由于标记点直接粘贴在皮肤上会影响行走的舒适性，从而导致采集结果的准确性受到影响。因此在本研究中，每位儿童将穿着紧身测试服进行测试[82]。两台 Coda 采集器位于一条长约 6 m 的跑道两侧，采集器分别位于受试者的左侧和右侧，呈 160°角。这种放置是 2 台采集器所能得到的最佳采集面积。

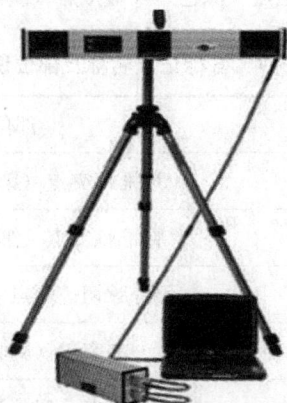

图 4-39　CodaMotion 三维动作捕捉系统

2）实验模型设计

为了解各关键部位和各关节之间的时—空参数和运动学参数，首先需要获得各关键点的空间位置。人体的活动是一个相对联系的变化过程，因此在本研究中用欧拉角度来表示各关键点的空间位置。然而，对欧拉角度进行计算前，首先需要构建各部位之间的平面，因此标记的点、标记点的顺序和坐标系的设置非常关键。在本研究中，我们建立 XYZ 坐标系，定义 α 围绕 Z 轴旋转、γ 围绕 Y 轴旋转、β 围绕 X 轴旋转，并规定欧拉角坐标系的顺序为 $Z-X-Y$。

由于组成人体各关节平面的点并非都能通过实际点的标定获得，有时需要通过制作虚拟点（coda virtual marker）的方式来表示在关节平面中不能实际标定的点[83]。在本研究中，用 24 个标记点分别粘贴于肢体右侧的各关键部位，9 个虚拟点用于各关节平面。标记点及虚拟点的具体位置见图 4-40，编号及名称见表 4-9 和表 4-10。

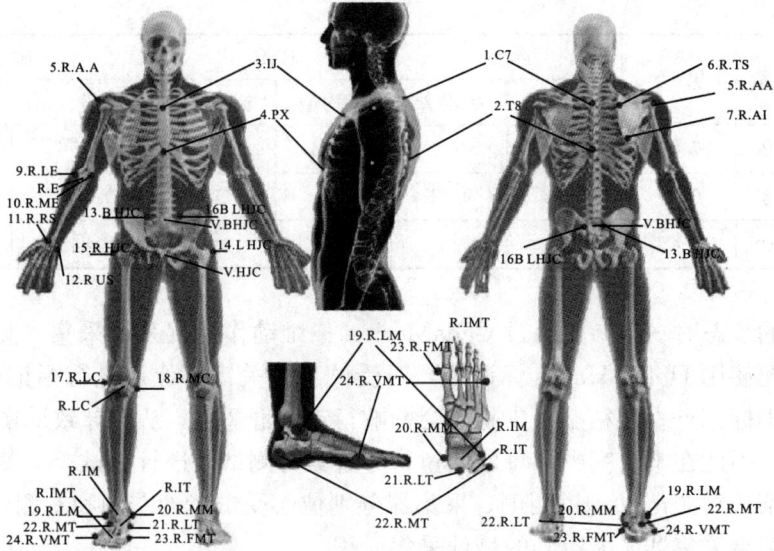

图 4—40 各标记点（深色）及虚拟点（浅色）位置示意图

表 4—9 各标记点名称及部位说明

ID	名称	部位
1	C7	颈椎棘突点（第七颈椎椎体）
2	T8	胸椎棘突点（第八胸椎椎体）
3	IJ	颈静脉切迹深点（胸骨上切迹）
4	PX	剑突点（胸骨最尾点）
5	R. AA	肩峰点（肩胛骨最外侧点）
6	R. TS	肩胛冈三角区（脊柱跟点）肩胛冈内侧缘三角面的中点
7	R. AI	肩胛骨下角点，肩胛骨最尾点
9	R. LE	外上髁最尾点

表 4—10 各虚拟点名称及部位说明

名称	部位
V. T2	颈静脉切迹深点与颈椎棘突点连线的中点
V. T1	剑突点和胸椎棘突点连线的中点
V. HJC	左右侧髋关节前凸点连线的中点
V. BHJC	左右侧髋关节后凸点连线的中点

名称	部位
R.IT	后跟中点，为后跟内外侧凹点连线的中点
R.IMT	跖骨中点，为第一跖骨与第五跖骨头背侧凸点连线的中点
R.IM	踝关节中点，为足踝内外侧凸点连线的中点
R.IC	胫骨髁中点，为内外胫骨髁边缘最尾点连线的中点
R.E	肘关节中心点，为内外上髁最尾点连线的中点

通过实际点的标定和虚拟的合成，得到了右上臂坐标系、胸部坐标系、右肩胛骨坐标系、右桡骨坐标系、右尺骨坐标系、右前臂坐标系、右大腿坐标系、右侧锁骨坐标系、右足部坐标系、右小腿坐标系和盆骨坐标系共 11 个坐标系。各个坐标系具体位置见图 4－41。

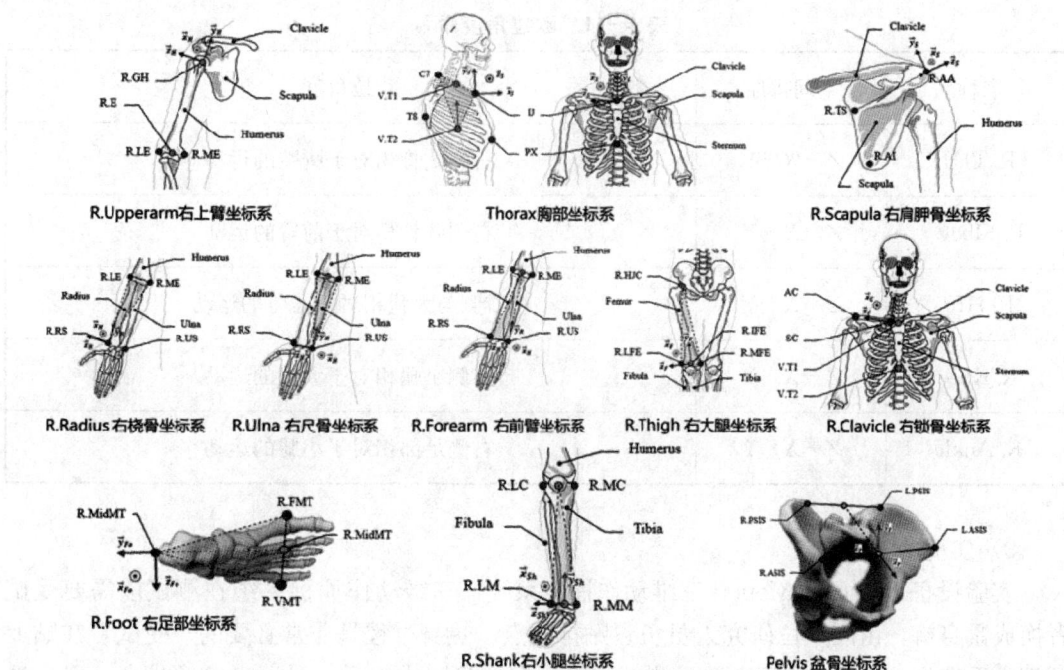

图 4－41　右侧各关节空间坐标系

在本研究中，为了得到右侧小腿、大腿、髋关节、前臂、上臂、胸腔的时间参数和运动学参数，选用的欧拉角度有右侧肱骨相对于胸腔的欧拉角度、右侧肱骨相对于前臂的欧拉角度、右侧与大腿相对于盆骨的欧拉角度、右侧小腿相对于大腿的欧拉角度、右侧足部相对于小腿的欧拉角度，共 5 个。详细的欧拉角度命名及所在平面位置见图 4－42和表 4－11。

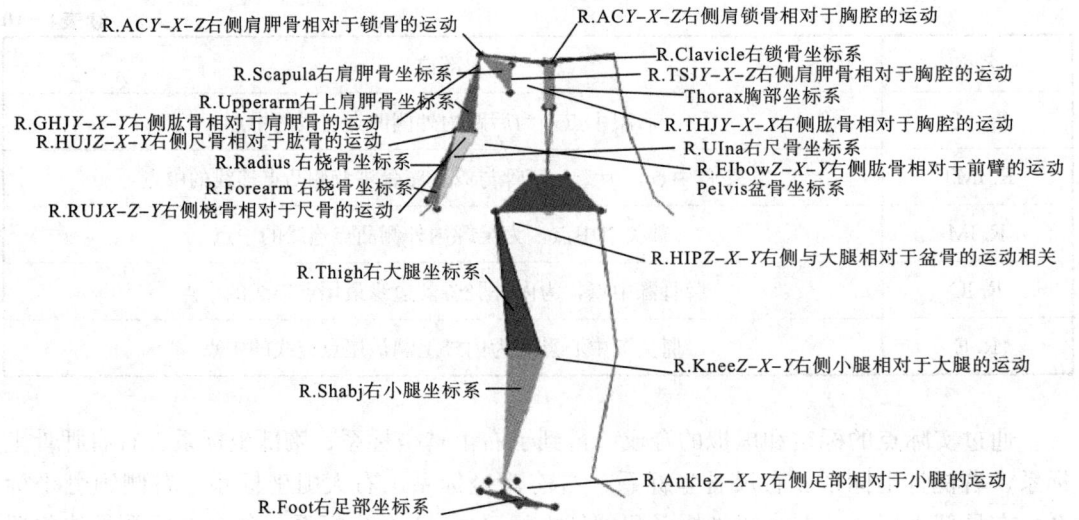

R.AC Y-X-Z右侧肩胛骨相对于锁骨的运动
R.AC Y-X-Z右侧肩锁骨相对于胸腔的运动
R.Scapula右肩胛骨坐标系
R.Clavicle右锁骨坐标系
R.Upperarm右上肩胛骨坐标系
R.TSJ Y-X-Z右侧肩胛骨相对于胸腔的运动
Thorax胸部坐标系
R.GHJ Y-X-Y右侧肱骨相对于肩胛骨的运动
R.THJ Y-X-X右侧肱骨相对于胸腔的运动
R.HUJ Z-X-Y右侧尺骨相对于肱骨的运动
R.UIna右尺骨坐标系
R.Radius右桡骨坐标系
R.Elbow Z-X-Y右侧肱骨相对于前臂的运动
R.Forearm右桡骨坐标系
Pelvis盆骨坐标系
R.RUJ X-Z-Y右侧桡骨相对于尺骨的运动
R.Thigh右大腿坐标系
R.HIP Z-X-Y右侧与大腿相对于盆骨的运动相关
R.Knee Z-X-Y右侧小腿相对于大腿的运动
R.Shabj右小腿坐标系
R.Foot右足部坐标系
R.Ankle Z-X-Y右侧足部相对于小腿的运动

图 4-42　各欧拉角度所在肢体平面

表 4-11　欧拉角度命名

名称	空间排序	欧拉角度
R. THJ	$Z-X-Y$	右侧肱骨相对于胸腔的运动
R. Elbow	$Z-X-Y$	右侧肱骨相对于前臂的运动
R. HIP	$Z-X-Y$	右侧与大腿相对于盆骨的运动
R. Knee	$Z-X-Y$	右侧小腿相对于大腿的运动
R. Ankle	$Z-X-Y$	右侧足部相对于小腿的运动

3）实验方法设计

实验设备采用 CodaMotion 三维动作捕捉系统，三维动作捕捉系统在测试前需要受试者换成紧身裤，由同一位研究人员负责贴标记点。热身过程是非常必要的，受试者在贴上标记点后有 1～2 min 的热身来熟悉测试环境。在热身完成之后，受试者按照指令，以自选的速度行走在 6 m 长的测试走道上完成至少 3 次正走和跨越障碍物走的完整实验，行走状态如图 4-43 所示。在正走和跨越障碍物的过程中，要求受试者两眼平视前方。在跨越障碍物的步态中，要求受试者在跨越之前至少完成两个完整的步态周期，并在跨越过程中使用右腿进行跨越，障碍物的高度设置为受试者年龄段平均腿长的 1/3。由于 3 岁与 4 岁、5 岁与 6 岁的平均腿长较为接近，故设置 3 岁与 4 岁跨越障碍物高度为 17.5 cm，5 岁与 6 岁跨越障碍物高度为 21 cm，成年人跨越障碍物高度为 33 cm。

（a）正走

（b）跨障碍物走

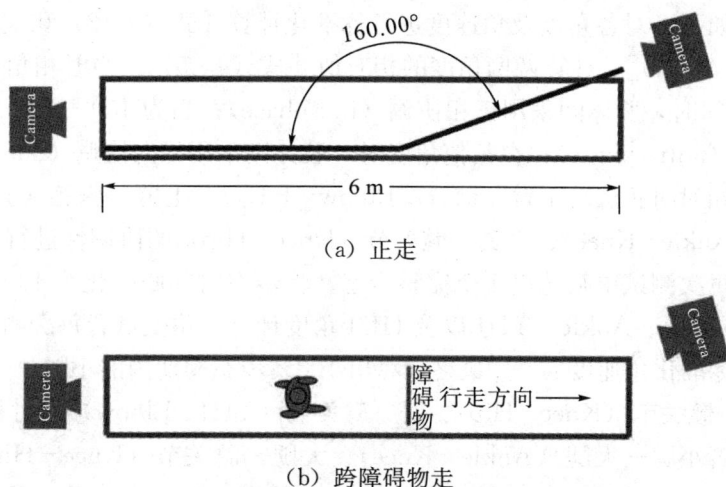

图 4-43 行走状态示意图

4）数据分析

（1）测试数据处理与分析。

45 名健康儿童和 10 名成人受试者正常行走和跨越障碍物行走的数据通过 CodaMotion 采集。从每个测试样本的 5 次测试数据中筛选出 3 次完整的步态周期，并导出数据。从 CodaMotion 中得到的数据为 200 Hz 的完整步态周期数据，为使每位受试者的数据具有时间上的可比性，需要对得到的数据进行滤波和差值处理。滤波方法：运用 Origin 的 data filter 模块对原始数据采用 6 Hz（cut-off frequency）进行处理。差值方法：运用 Origin 的 interpolate 模块采用 3 次样条曲线对数据进行差值计算，按照百分比将每位受试者的数据精简点至每周期 100 点。

在本实验中，使用 CodaMotion 提取对受试者 3 次完整步态周期的 5 个标志性阶段，即后跟触底（initial contact，IC）、前脚掌触底（forefoot contact，FFC）、后跟离地（heel off，HO）、拇指离地（toe off，TO）以及后跟再次触底（second Initial contact，SIC）步态事件发生的时间点。由步态关键时间点计算在一个完整的步态周期中，支撑相（Stance Phase）及摆动相（Swing Phase）分别占整个步态周期的百分比。计算方法：Stance Phase=TO-IC，Swing Phase=SIC-TO。

（2）步态时间参数分析。

在分析正走和跨越障碍物行走的过程中的肢体运动状态时，需要对受试者的个体形态学（如各年龄组儿童身高及腿长的平均值）、肢体的时空参数（如步频、跨步时长、支撑相相占步态周期百分比、摆动相相占步态周期百分比度）等参数进行分析[84]。

（3）运动协调性相关参数分析。

在本实验中，为了研究 3~6 岁儿童运动协调性的特点，在 CodaMotion 中通过标记点和虚拟点生成对应关节的欧拉角度，见表 4-11。将每个受试者的 3 次有效数据导出，得到各关节的欧拉角度及角速度。运用连续相对时相法的数学模型来计算各关节之间的协调度。在本研究中，主要对 Elbow、Hip、Knee、Ankle、THJ 以及这 5 个欧拉角度在运动过程中的空间表现进行具体分析。

主要步骤如下：对各角度及角速度进行标准化计算［式（4-2）和式（4-3）］；计算时相角［式（4-4）］；计算两两角度的相对值［式（4-5）］。当时相角差即相对时相角为 0°～30°之间时，肢体间采用正相协调（in-phase）；当为 150°～180°之间时，肢体采用逆向协调（anti-phase）；在其他角度时，肢体则采用异向协调（out-phase）。

运用连续相对时相法对上臂—前臂（Elbow-HUJ）、上臂—胸腔（THJ-Elbow）、小腿—大腿（Ankle-Knee）、大腿—髋关节（Knee-Hip）的协调性进行分析。分析方法为：首先从每次测试中筛选出 1 个完整步态，将步态时间归一化为 100%；然后根据 Elbow、Hip、Knee、Ankle、THJ 以及 HUJ 角度计算每位受试者每次测试所得到的标准化角度 θ 和标准化角速度 ω，并最终计算出 100% 步态周期内的小腿—大腿（Ankle-Knee）、大腿—髋关节（Knee-Hip）、肘—肩关节（THJ-Elbow）的时相角 θ_CRP；再对每位受试者小腿—大腿（Ankle-Knee）、大腿—髋关节（Knee-Hip）、肘—肩关节（THJ-Elbow）的时相角 θ_CRP 的 3 次有效数据和每组内的受试者的数据进行平均处理；最后，取 5 个步态关键时刻点（后跟触地期、前掌接触期、全掌触地期、后跟离地期，脚趾离地期）开始时的 3 个关键时相角，不同年龄阶段儿童在这 3 个周期中时相角的显著差异通过 One-way ANOVA 进行分析。

4.4.3.3　结果与讨论

1）3～6 岁儿童正走和跨越障碍物走肢体时间参数的特点

对正走和跨越障碍物行走状态下，3～6 岁儿童和成人的支撑相、摆动相时长占步态周期时长的百分比以及步频进行统计学分析，结果见表 4-12。

表 4-12　正走和跨越障碍物行走的时间参数分析结果

年龄	步态类型	支撑相		摆动相		步频（步/min）		跨步时长（s）	
		Mean	SD	Mean	SD	Mean	SD	Mean	SD
3	正走	66.08%	3.71%	33.92%	3.71%	63.81	4.77	0.96	0.21
	跨障碍物	42.28%	7.32%	57.72%	7.32%	54.17	9.30	1.36	0.23
4	正走	65.14%	4.25%	34.86%	4.25%	62.96	7.28	0.97	0.11
	跨障碍物	42.70%	3.38%	57.32%	3.38%	52.24	10.04	1.22	0.17
5	正走	57.99%	7.09%	42.01%	7.09%	63.81	4.77	0.95	0.07
	跨障碍物	41.18%	3.69%	58.80%	3.69%	50.24	8.66	1.22	0.16
6	正走	56.68%	5.46%	43.32%	5.46%	62.97	7.12	0.97	0.11
	跨障碍物	43.23%	3.89%	56.77%	3.89%	47.26	10.78	1.26	0.19
成人	正走	54.37%	2.99%	45.63%	2.99%	55.26	4.42	1.09	0.10
	跨障碍物	40.24%	2.89%	59.76%	2.89%	40.22	5.12	1.56	0.27

在正走状态下，支撑相和摆动相占步态周期的百分比分别在 60% 和 40% 左右。同时随着年龄的增长，3～6 岁儿童行走时支撑相时长逐渐降低至接近成年人水平；相反，3～6 岁儿童正走摆动相时长逐渐升高至接近成年人水平。此外，支撑时相占步态周期的时长百分比不低于 54%，摆动时相不低于 33%。

在跨越障碍物行走的状态下，支撑相和摆动相占步态周期的百分比分别在40％和60％左右。随着年龄的增长，支撑相和摆动相百分比波动不大，且都与成年人较为接近。与正走步态比较可以发现，跨越障碍物行走时，摆动相时长百分比明显增加，且随着年龄的增加的幅度逐渐降低。

分析3~6岁儿童及成年人步频的变化可以发现，正走与跨障碍物行走的步频都呈现出随着年龄的增长而逐渐降低的趋势。在正走步态中，3~6岁儿童的步频随年龄增长波动范围较小，与成年人步频相差较大。在跨障碍物行走的步态中，步频随年龄增长呈现出较为规律的递减状态。对比两种步态的步频可以发现，跨越障碍物时，3~6岁儿童及成年人的步频整体小于正走时的步频。

通过分析3~6岁儿童正走及跨越障碍物的时间参数可知，正走与跨越障碍物行走在步频上存在显著差异，正走的步频远大于跨越障碍物时的步频。这说明，人体在行走的步态方式受限的情况下，由于需要做出相应的预判和策略反馈，会选择降低步频来保持肢体的稳定性和平衡性。在正走和跨越障碍物行走两种状态中，随着年龄的增长，跨步时长呈递增趋势，步频呈递减趋势，这与现有的研究结论一致。Ann Hallemens等[82]研究指出，儿童在运动行为和能力尚未发育完全时，在行走过中会通过提高步频、减小步速，即增加着地期的时长来提高运动的平衡性。

这种肢体的协调性反馈见表4-13。步态周期时间参数特点中也能得到证明，即正走和跨越障碍物行走状态儿童在步态周期中支撑相的时长明显大于成人，且随着年龄的增长支撑相时长减小，摆动相时长增大。这验证了Penny等的研究结果：足部的发育在正常情况下为运动低能量趋势。儿童足部功能的发育随着年龄的增长趋于成熟，因此能量消耗较低的摆动相逐渐在步态周期中占较大比例。而对于幼龄儿童，只能选择延长支撑相时长以保证行走时的平衡[85]。

表4-13　各年龄组正走和跨越障碍物行走各关节的欧拉角度和角速度的范围及标准方差

变量	步态	年龄	范围	标准差
ave-θ-Hip.Z	FW	3	1.461	0.369
		4	1.071	0.299
		5	0.944	0.230
		6	1.251	0.296
		成人	1.439	0.437
	OW	3	1.472	0.399
		4	1.221	0.304
		5	0.944	0.239
		6	1.691	0.408
		成人	1.550	0.377

续表4-13

变量	步态	年龄	范围	标准差
ave$-\theta-$Hip. Z	FW	3	1.358	0.444
		4	0.577	0.158
		5	0.833	0.241
		6	1.121	0.246
		成人	1.455	0.371
	OW	3	1.605	0.542
		4	1.132	0.369
		5	0.883	0.252
		6	0.760	0.222
		成人	1.534	0.413
ave$-\theta-$Elbow. Z	FW	3	0.574	0.159
		4	0.415	0.102
		5	0.779	0.197
		6	0.421	0.099
		成人	1.110	0.227
	OW	3	0.559	0.161
		4	0.664	0.159
		5	0.564	0.105
		6	0.634	0.136
		成人	1.190	0.273
ave$-\theta-$Knee. Z	FW	3	1.602	0.394
		4	1.242	0.297
		5	0.856	0.199
		6	1.145	0.216
		成人	1.205	0.303
	OW	3	1.349	0.349
		4	0.738	0.206
		5	0.754	0.180
		6	0.746	0.156
		成人	1.339	0.279

变量	步态	年龄	范围	标准差
ave-θ-THJ.Z	FW	3	0.718	0.185
		4	0.674	0.181
		5	0.553	0.129
		6	1.136	0.200
		成人	0.926	0.219
	OW	3	0.355	0.096
		4	0.880	0.238
		5	0.771	0.170
		6	0.883	0.207
		成人	1.102	0.255
ave-ω-Ankle.Z	FW	3	0.469	0.110
		4	0.478	0.105
		5	0.577	0.132
		6	0.424	0.119
		成人	0.637	0.140
	OW	3	0.575	0.121
		4	0.538	0.107
		5	0.598	0.111
		6	0.679	0.121
		成人	0.595	0.131
ave-ω-Hip.Z	FW	3	0.566	0.118
		4	0.429	0.107
		5	0.393	0.088
		6	0.364	0.078
		成人	0.608	0.125
	OW	3	0.698	0.133
		4	0.476	0.112
		5	0.459	0.091
		6	0.609	0.100
		成人	0.825	0.142

变量	步态	年龄	范围	标准差
ave－ω－Elbow. Z	FW	3	0.587	0.111
		4	0.605	0.116
		5	0.624	0.125
		6	0.663	0.122
		成人	0.746	0.140
	OW	3	0.604	0.117
		4	0.499	0.107
		5	0.679	0.134
		6	0.614	0.099
		成人	0.626	0.124
ave－ω－Knee. Z	FW	3	0.591	0.166
		4	0.541	0.120
		5	0.525	0.130
		6	0.492	0.133
		成人	0.692	0.158
	OW	3	0.526	0.136
		4	0.382	0.099
		5	0.412	0.087
		6	0.545	0.116
		成人	0.443	0.107
ave－ω－THJ. Z	FW	3	0.590	0.101
		4	0.626	0.119
		5	0.676	0.126
		6	0.500	0.088
		成人	0.691	0.132
	OW	3	0.543	0.103
		4	0.495	0.095
		5	0.479	0.087
		6	0.504	0.102
		成人	0.583	0.122

对比正走与跨越障碍物行走之间的差别可知，跨越障碍物行走状态的摆动相时长大于正走状态摆动相时长。跨越障碍物行走的过程中，由于出现了一定的高度限制，会迫使受试者出现提高下肢跨越高度的应激性措施，肢体的协调性反馈也会适当改变，以使身体尽可能地在跨越过程中保持平衡。

2）3～6 岁儿童正走和跨越障碍物走各关节欧拉角度和角速度的特点

欧拉角度和角速度的散点图描绘了速度和角度的关系，如图 4-44 所示。

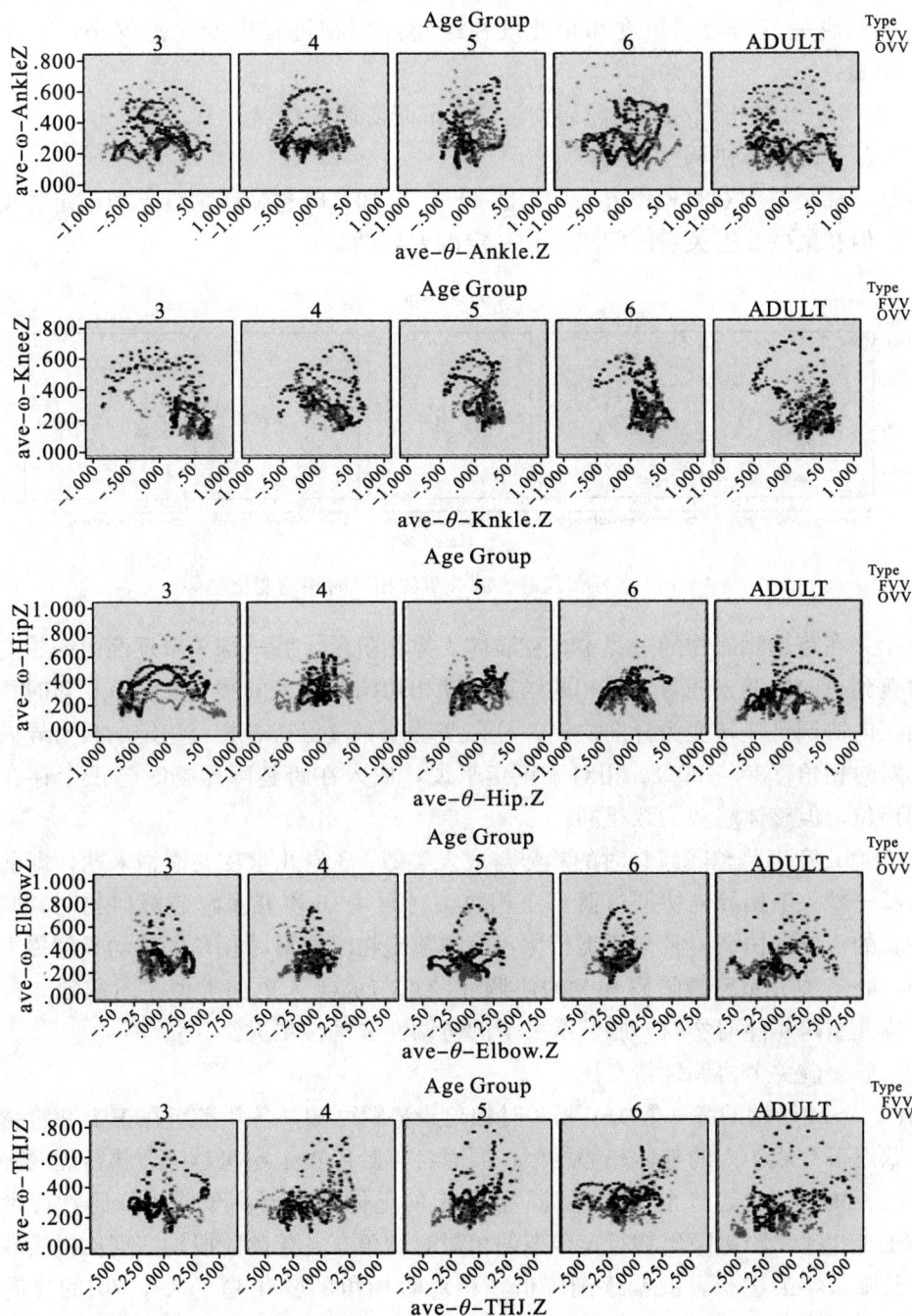

图 4-44　各年龄组正走和跨越障碍物行走各关节的欧拉角度和角速度散点

在正走状态下，各关节欧拉角和角速度呈现出较为规则的变化，且保持在一定的范围内。成人组在各关节的欧拉角度及角速度变化范围均大于各年龄段儿童组。而在跨越障碍物行走的状态下，则表现出了一定的不确定性。在跨越障碍物步态中，成人组各关节的欧拉角度变化范围均大于各年龄段儿童。在儿童组中，3 岁儿童在跨越障碍物时，踝关节、膝关节和髋关节的运动角度和角速度的变化范围较其他年龄组儿童更大。整体来看，3～6 岁儿童组踝关节的运动角度和角速度波动范围较大，而肘关节和肩关节的运动角度和角速度在跨越障碍物过程中变化范围小，且年龄间差距不明显。

3）3～6 岁儿童正走和跨越障碍物走各关节间协调性特点

（1）膝—踝关节协调性特点。

在膝—踝关节相对时相角方面，由图 4-45 可知，跨越障碍物行走和正走的整体趋势相似，但在某些步态关键时间点存在一定的差异性。

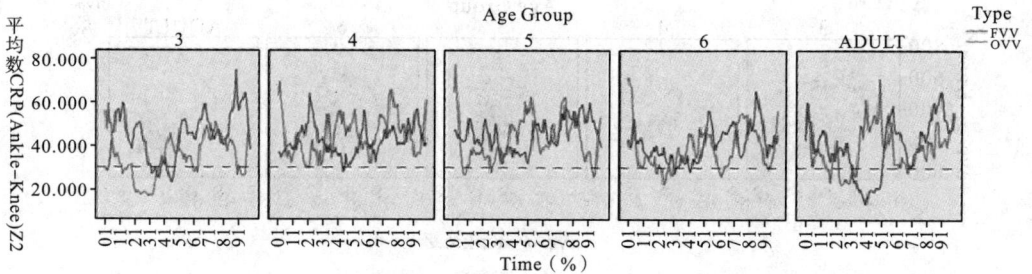

图 4-45　各年龄段踝—膝关节的相对时相角变化趋势

成年人在跨越障碍物的过程中，在肢体支撑相阶段，膝—踝关节逐渐由初始的异向协调过渡到正向协调。随着支撑相的结束摆动相初始，成人的膝—踝关节相对时相角激增，由正向协调迅速转变为异向协调，且在摆动期一直保持着相对稳定的具有异向协调性的相对时相角（30°～50°）。相对于正走来说，成人在跨越障碍物时与正走存在一定的时间错位，但整体趋势大致相同。

3～6 岁儿童组跨越障碍物时的趋势与成人类似。3 岁儿童在支撑相末期，即前掌离地期，膝—踝关节由异向协调过渡到正相协调。而 4～6 岁儿童跨越障碍物时，膝—踝关节一直处于异向协调，且与正走相比，跨越障碍物时相对时相角的波动幅度更大。整体来说，4～6 岁儿童跨越障碍物时的协调性特点与成年人更加类似，而在独立行走伊始的 3 岁儿童跨越障碍物时，膝—踝关节的协调性波动性更大。

（2）膝—髋关节协调性特点。

由图 4-44 所示的膝—髋关节相对时相角趋势图可知，各年龄组在正走和跨越障碍物行走状态下与成年人的整体趋势相似，同时各年龄段正走与跨越障碍物行走两种状态下相对时相角的变化趋势也大体相似，且正走的整体数值要高于跨越障碍物行走的数值。与正走相比，跨越障碍物行走步态的相对时相角在各年龄阶段均表现出幅度较大的波动，且随着年龄增长，波幅逐渐降低，相对时相角的变化趋于大于 30°的异向协调状态。

由图4—46可知，3岁儿童跨越障碍物行走时膝—髋关节的相对时相角存在一定波动，但整体处于20°～30°之间的正向协调状态，且随步态周期关键节点的到来，相对时相角的波动并不明显。而4～6岁儿童跨越障碍物行走时，膝—髋关节相对时相角的波动幅度相对稳定，且随着足部着地期的结束摆动期的到来，4岁和5岁儿童相对时相角出现了一定程度的增幅。反观成年人的跨越障碍行走物步态，则是由着地期的相对稳定的正向协调逐渐转变为摆动期波幅较小的异向协调。整体而言，各年龄组跨越障碍物行走状态下的膝—髋关节相对时相角虽然具有相似的趋势，但协调性特征的变化趋势却存在一定差异性，即在跨越障碍物行走时，3岁儿童基本处于正向协调状态，4～6岁儿童整体都处于异向协调状态，而成年人则是由正向协调逐渐过渡至异向协调。

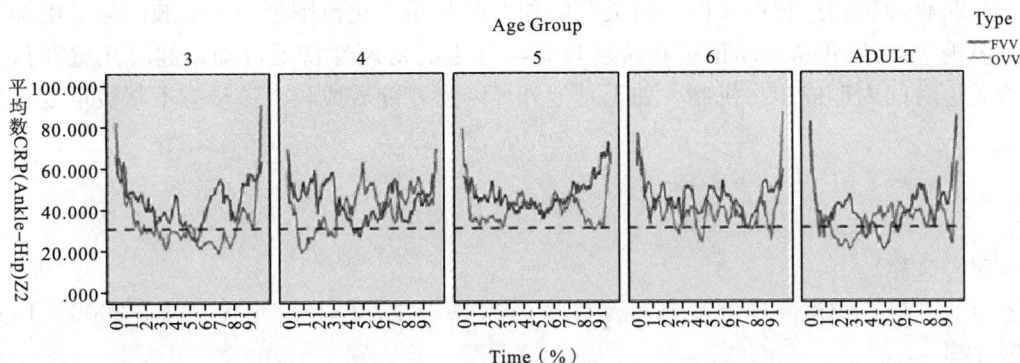

图4—46　各年龄段膝—髋关节的相对时相角变化趋势

（3）肘—肩关节协调性特点。

在肘—肩关节的相对时相角方面，由图4—47可知，除3岁儿童外，正走和跨越障碍物行走在各年龄段的变化趋势大致相同，且各年龄段正走的相对时相角数值均大于跨越障碍物行走状态的数值。

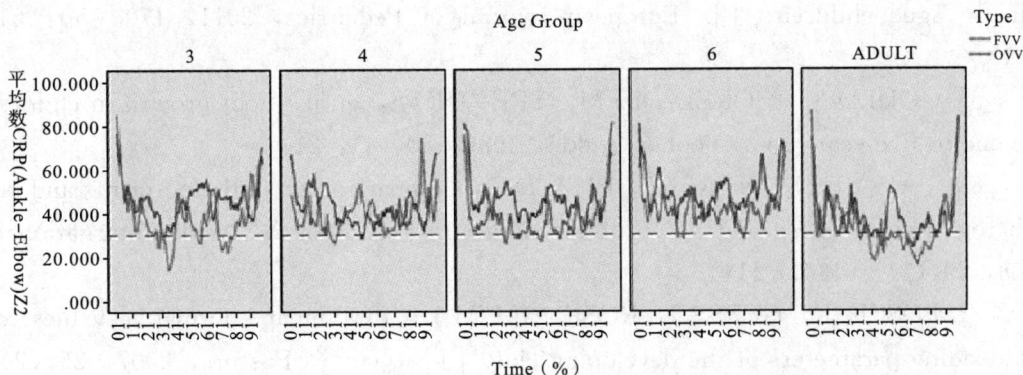

图4—47　各年龄段肘—肩关节的相对时相角变化趋势

成年组在跨越障碍物时出现了伴随着步态关键时间点的到来而协调性特征变动的现象，在支撑相结束摆动相初始阶段，肘—肩关节相对时相角由原本波动范围较为稳定（30°～50°）的异向协调转变为小于30°的正向协调，且在整个摆动相阶段都维持在20°～30°相对稳定的正向协调状态。而成人组在正走状态下，虽然在步态关键时间点出现了波动，但整体则是处于相对稳定的异向协调状态。3～6岁儿童在跨越障碍物时与成年人存在一定的差异，突出表现在 4～6 岁儿童的肘—肩关节在整个步态周期内一直处于 30°～50°相对稳定的正向协调状态，而 3 岁儿童在由支撑相进入摆动相后，相对时相角就由异向协调转变为相对时相角小于 30°的正向协调，且在整个摆动期出现了较大幅度的波动，即异向和正向协调先后出现的状态。整体而言，在肘—肩关节的协调性方面，3 岁儿童相对于 4～6 岁儿童和成年人来说产生了一定偏差，4～6 岁儿童虽然相对时相角波动范围较小，但与成年人的协调性特点也存在一定差异。

由各关节间相对时相角的变化趋势可知，整体来说，随着儿童年龄的增长，膝—踝关节、膝—髋关节和肘—肩关节的相对时相角的变化范围趋于稳定，3 岁儿童相对于 4～6 岁儿童而言波动范围较大，协调性特征也与成年人存在显著差异。相较于下肢关节，在跨越障碍物过程中，肘—肩关节的相对时相角变化范围更小，上肢的运动更加稳定。纵观 3～6 岁儿童运动正走和跨越障碍物行走的协调性特征可知，健康儿童在独立行走后短时间内形成步态机制，如无其他外界因素，随着成长，该步态不断被重复直至稳定。

参考文献

[1] 郭静，张浩. 三维足部测量技术的原理和应用 [J]. 中国皮革，2006（16）：120－122.

[2] 李珩，李峰，施延昭，等. 基于步态分析的痉挛型脑瘫患儿足内外翻机理研究 [J]. 中国康复理论与实践，2008，14（12）：1177－1179.

[3] 王志敏，陈龙伟，李树伟，等. 痉挛性脑瘫患儿步态的运动学参数分析 [J]. 陕西医学杂志，2010，39（2）：140－142.

[4] CHEN K C, YEH C J, KUO J F, et al. Footprint analysis of flatfoot in pre-school－aged children [J]. European Journal of Pediatrics, 2011, 170（5）：611－617.

[5] GOULD N, MORELAND M, TREVINO S, et al. Foot growth in children age one to five years [J]. Foot & Ankle, 1990, 10（4）：211.

[6] TAISA F N, DE A B T, PH L D C. Comparison of static footprints and pedobarography in obese and non－obese children [J]. Foot & Ankle International, 2008, 29（11）：1141－1144.

[7] BOSCH K, GERSS J, ROSENBAUM D. Preliminary normative values for foot loading parameters of the developing child [J]. Gait & Posture, 2007, 26（2）：238－247.

[8] 李海，周安艳，黄东锋，等. 痉挛型脑瘫儿童步行时的动态足底压力特征 [J]. 中国康复医学杂志，2007，22（1）：44－47.

[9] STAVLAS P, GRIVAS T B, MICHAS C, et al. The evolution of foot morphology in children between 6 and 17 years of age：a cross－sectional study based on footprints in A Mediterranean population[J]. Journal of Foot & Ankle Surgery, 2005,

44 (6)：424.

[10] LUXIMON A，YAN L B T−I C. Preliminary Study on Dynamic Foot Model [C] //2011：321−327.

[11] DE M S，COOREVITS P，DE C D，et al. Reliability and Validity of the INFOOT Three−dimensional Foot Digitizer for Patients with Rheumatoid Arthritis [J]. Journal of the American Podiatric Medical Association，2011，101 (3)：198.

[12] WENGER D R，MAULDIN D，MORGAN D，et al. Foot growth rate in children age one to six years [J]. Foot & Ankle, 1983，3 (4)：207.

[13] 王红歌. 半数以上脑瘫儿童伴有多重障碍 [J]. 中日康复医学学术研讨会暨中国康复专业人才培养项目成果报告会，2006.

[14] MÜLLER S，CARLSOHN A，MÜLLER J，et al. Static and dynamic foot characteristics in children aged 1−13 years：A cross−sectional study [J]. Gait & Posture，2012，35 (3)：389.

[15] HALLEMANS A，D'AOÛT K，DE C D，et al. Pressure distribution patterns under the feet of new walkers：The first two months of independent walking [J]. Foot & Ankle International，2003，24 (5)：444.

[16] SUTHERLAND D H，OLSHEN R，COOPER L，et al. The development of mature gait [J]. Journal of Bone & Joint Surgery American Volume，1980，62 (3)：336−353.

[17] 刘奕. 足外翻脑瘫患儿动态足底压力特征性研究 [D]. 合肥：安徽医科大学，2011.

[18] WALTHER M，HEROLD D，SINDERHAUF A，et al. Children sport shoes—A systematic review of current literature [J]. Foot & Ankle Surgery，2008，14 (4)：180−189.

[19] HATZE H. A comprehensive model for human motion simulation and its application to the take−off phase of the long jump [J]. Journal of Biomechanics，1981，14 (3)：135−142.

[20] KANE T R，LEVINSON D A. Dynamics，Theory and Applications [M]. New York：Mcgraw Hill，1987.

[21] 杨云峰，俞光荣，牛文鑫，等. 人体足主要骨—韧带结构三维有限元模型的建立及分析 [J]. 中国运动医学杂志，2007，26 (5)：542−546.

[22] 陶凯. 人体足踝系统建模与相关力学问题研究——"中国力学虚拟人"项目之足踝部分 [D]. 上海：上海交通大学，2010.

[23] ARANGIO G A，SALATHE E P. Erratum to "Biomechanical analysis of posterior tibial tendon dysfunction，medial displacement calcaneal osteotomy and flexor digitorum longus transfer in adult acquired flat foot" [J]. Clinical Biomechanics，2009，24 (6)：385−390.

[24] ARANGIO G A，SALATHE E P. A biomechanical analysis of posterior tib-

ial tendon dysfunction, medial displacement calcaneal osteotomy and flexor digitorum longus transfer in adult acquired flat foot [J]. Clinical Biomechanics, 2009, 24 (4): 385.

[25] HOY M G, ZERNICKE R F. The role of intersegmental dynamics during rapid limb oscillations [J]. Journal of Biomechanics, 1986, 19 (10): 867—877.

[26] MIZRAHI J, BRAUN Z, NAJENSON T, et al. Quantitative weight bearing and gait evaluation of paraplegics using functional electrical stimulation [J]. Medical & Biological Engineering & Computing, 1985, 23 (2): 101—107.

[27] ERDEMIR A, VIVEIROS M L, ULBRECHT J S, et al. An inverse finite —element model of heel—pad indentation—Journal of Biomechanics [J]. Journal of Biomechanics, 2006, 39 (7): 1279—1286.

[28] 孙卫东, 温建民. 足部有限元建模方法应用现状 [J]. 中国组织工程研究, 2010, 14 (13): 2457—2461.

[29] 张明, 张德文, 余嘉, 等. 足部三维有限元建模方法及其生物力学应用 [J]. 医用生物力学, 2007, 22 (4): 339—344.

[30] 傅栋, 靳安民. 应用 CT 断层图像快速构建人体骨骼有限元几何模型的方法 [J]. 中国组织工程研究, 2007, 11 (9): 1620—1623.

[31] 胡小春, 孙波, 郭松青, 等. 足部复合模型建立及其应用 [J]. 合肥工业大学学报 (自然科学版), 2007, 30 (9): 1099—1102.

[32] 王旭, 马昕, 陶凯, 等. 足踝有限元模型的建立与初步临床应用 [J]. 中国生物医学工程学报, 2008, 27 (2): 287—292.

[33] 温建民, 孙卫东, 成永忠, 等. 基于 CT 图像 (足母) 外翻足有限元模型的建立与临床意义 [J]. 中国矫形外科杂志, 2012, 20 (11): 1026—1029.

[34] BERTSCH C, UNGER H, WINKELMANN W, et al. Evaluation of early walking patterns from plantar pressure distribution measurements: First year results of 42 children [J]. Gait & Posture, 2004, 19 (3): 235—242.

[35] BOSCH K, NAGEL A, WEIGEND L, et al. From "first" to "last" steps in life—pressure patterns of three generations [J]. Clinical Biomechanics, 2009, 24 (8): 676.

[36] BOSCH K, GERSS J, ROSENBAUM D. Development of healthy children's feet—nine—year results of a longitudinal investigation of plantar loading patterns [J]. Gait & Posture, 2010, 32 (4): 564.

[37] CHEUNG J T, ZHANG M, AN K N. Effects of plantar fascia stiffness on the biomechanical responses of the ankle—foot complex [J]. Clinical Biomechanics, 2004, 19 (8): 839.

[38] ZHENG Y P, CHOI Y K, WONG K, et al. Biomechanical assessment of plantar foot tissue in diabetic patients using an ultrasound indentation system [J]. Ultrasound in Medicine & Biology, 2000, 26 (3): 451—456.

［39］MUELLER K L, KARUNAKAR M A, FRANKENBURG E P, et al. Bicondylar tibial plateau fractures: A biomechanical study ［J］. Clinical Orthopaedics & Related Research, 2003 (412): 189−195.

［40］GEFEN A, MEGIDO−RAVID M, ITZCHAK Y, et al. Biomechanical analysis of the three−dimensional foot structure during gait: A basic tool for clinical applications ［J］. J. Biomech Eng. ,2000, 122 (6): 630−639.

［41］CLIFT S E. Finite−element analysis in cartilage biomechanics ［J］. J. Biomed Eng. ,1992, 14 (3): 217−221.

［42］黄海晶, 王志彬, 金鸿宾. 正常行走足底压力测定与临床作用 ［J］. 中国矫形外科杂志, 2007, 15 (3): 210−212.

［43］FORNERCORDERO A, KOOPMAN H J, FC V D H. Inverse dynamics calculations during gait with restricted ground reaction force information from pressure insoles ［J］. Gait & Posture, 2006, 23 (2): 189−199.

［44］MURPHY D F, BEYNNON B D, MICHELSON J D, et al. Efficacy of plantar loading parameters during gait in terms of reliability, variability, effect of gender and relationship between contact area and plantar pressure ［J］. Foot & Ankle International, 2005, 26 (2): 171−179.

［45］LORD M. Foot pressure measurement: A review of methodology ［J］. Journal of Biomedical Engineering, 1981, 3 (2): 91−99.

［46］王立平, 李建设. 足底压力测量技术的发展现状与应用研究 ［J］. 浙江体育科学, 2004, 26 (1): 40−43.

［47］BOSCH K, ROSENBAUM D. Gait symmetry improves in childhood—a 4−year follow−up of foot loading data ［J］. Gait & Posture, 2010, 32 (4): 464−468.

［48］HALLEMANS A, DE C D, VAN D S, et al. Changes in foot−function parameters during the first 5 months after the onset of independent walking: A longitudinal follow−up study ［J］. Gait & Posture, 2006, 23 (2): 142−148.

［49］ALVAREZ C, VERA M De, CHHINA H, et al. Normative data for the dynamic pedobarographic profiles of children ［J］. Gait & Posture, 2008, 28 (2): 309.

［50］HENNIG E M, STAATS A, ROSENBAUM D. Plantar pressure distribution patterns of young school children in comparison to adults ［J］. Foot & Ankle International, 1994, 15 (1): 35−40.

［51］BUS S A, ULBRECHT J S, CAVANAGH P R. Pressure relief and load redistribution by custom−made insoles in diabetic patients with neuropathy and foot deformity ［J］. Clinical Biomechanics, 2004, 19 (6): 629−638.

［52］MCPOIL T G, CORNWALL M W, DUPUIS L, et al. Variability of plantar pressure data: A comparison of the two−step and midgait methods ［J］. J Am Podiatr Med Assoc, 1999, 89 (10): 495—501.

[53] YALÇIN N, ESEN E, KANATLI U, et al. Evaluation of the medial longitudinal arch: A comparison between the dynamic plantar pressure measurement system and radiographic analysis [J]. Acta Orthop Traumatol Turc, 2010, 44 (3): 241—245.

[54] UNGER H, ROSENBAUM D. Gender—specific differences of the foot during the first year of walking [J]. Foot & Ankle International, 2004, 25 (8): 582—587.

[55] MICKLE K J, STEELE J R, MUNRO B J. The feet of overweight and obese young children: Are they flat or fat? [J]. Obesity, 2006, 14 (11): 1949—1953.

[56] ZHOU J, SONG Y, XU B, et al. Features of plantar pressure distribution of Chinese children aged between two and eleven [J]. Leather & Footwear Journal, 2014, 14 (3): 135—146.

[57] ZHOU J, ZHANG Y, CHEN W, et al. Investigation of children's foot arch based on the variation between static and dynamic footprint [J]. Leather & Footwear Journal, 2014, 14 (4): 205—216.

[58] JASIEWICZ J M, ALLUM J H J, MIDDLETON J W, et al. Gait event detection using linear accelerometers or angular velocity transducers in able—bodied and spinal—cord injured individuals [J]. Gait & Posture, 2006, 24 (4): 502.

[59] NARDONE A, GODI M, GRASSO M, et al. Stabilometry is a predictor of gait performance in chronic hemiparetic stroke patients [J]. Gait & Posture, 2009, 30 (1): 5—10.

[60] 普拉托诺夫. 运动训练的理论与方法 [M]. 北京: 高等学校出版联合会总出版社, 1984.

[61] BERNSTEIN N. Doing and knowing [J]. Nutrition Research & Practice, 2012, 6 (3): 254—262.

[62] DIERKS T A, DAVIS I. Discrete and continuous joint coupling relationships in uninjured recreational runners [J]. Clinical Biomechanics, 2007, 22 (5): 581—591.

[63] HAMILL J, HADDAD J M, MCDERMOTT W J. Issues in Quantifying Variability From a Dynamical Systems Perspective [J]. Journal of Applied Biomechanics, 2010, 16 (4): 407—418.

[64] MILLER R H, BAIRD C J L, EMMERIK R E A Van, et al. Variability in kinematic coupling assessed by vector coding and continuous relative phase [J]. Journal of Biomechanics, 2010, 43 (13): 2554—2560.

[65] LI L, CALDWELL G E. Coefficient of cross correlation and the time domain correspondence [J]. Journal of Electromyography & Kinesiology Official Journal of the

International Society of Electrophysiological Kinesiology，1999，9（6）：385.

［66］HARRISON A J，RYAN W，HAYES K. Functional data analysis of joint coordination in the development of vertical jump performance［J］. Sports Biomechanics，2007，6（2）：199.

［67］RYAN W，HARRISON A，HAYES K. Functional data analysis of knee joint kinematics in the vertical jump［J］. Sports Biomechanics，2006，5（1）：121—138.

［68］林辉杰，严波涛，刘占锋，等. 运动协调的定量方法以及在专项技术分析领域的研究进展［J］. 体育科学，2012，32（3）：81—91.

［69］KELSO J A，JEKA J J. Symmetry breaking dynamics of human multilimb coordination［J］. Journal of Experimental Psychology Human Perception & Performance，1992，18（3）：645.

［70］SPARROW W A. Chapter 5 Measuring Changes in Coordination and Control［J］. Advances in Psychology，1992（84）：147—162.

［71］BURGESSLIMERICK R，ABERNETHY B，NEAL R J. Relative phase quantifies interjoint coordination［J］. Journal of Biomechanics，1993，26（1）：91.

［72］WINTER D A. Biomechanics and Motor Control of Human Movement［J］. Physiotherapy，2009，74（2）：94.

［73］KURZ M J，STERGIOU N. Effect of normalization and phase angle calculations on continuous relative phase［J］. Journal of Biomechanics，2002，35（3）：369—374.

［74］EBERHART H D，INMAN V T，SAUNDERS J B. Fundamental Studies of Human Locomotion and Other Information Relating to Design of Artificial Limbs，Prosthetic Devices Research Project［D］. Berkeley：University of California Berkeley，1988.

［75］INMAN V T，RALSTON H J，TODD F. Human Walking［M］. Bdtimore：Williams and Wilkins，1981.

［76］YAM C Y，NIXON M S，CARTER J N. Automated person recognition by walking and running via model—based approaches［J］. Pattern Recognition，2004，37（5）：1057—1072.

［77］CHANG R，EMMERIK R Van，HAMILL J. Quantifying rearfoot—forefoot coordination in human walking［J］. Journal of Biomechanics，2008，41（14）：3101—3105.

［78］LEARDINI A，BENEDETTI M G，BERTI L，et al. Rear—foot，mid—foot and fore—foot motion during the stance phase of gait［J］. Gait & Posture，2007，25（3）：453—462.

［79］CHIU S L，CHOU L S. Effect of walking speed on inter—joint coordination differs between young and elderly adults［J］. Journal of Biomechanics，2012，45（2）：275—280.

［80］GITTOES M J，WILSON C. Intralimb joint coordination patterns of the lower extremity in maximal velocity phase sprint running [J]. Journal of Applied Bio-mechanics，2010，26（2）：188.

[81] DAVIS R B，ŌUNPUU S，TYBURSKI D，et al. A gait analysis data collection and reduction technique [J]. Human Movement Science，1991，10（5）：575－587.

[82] HALLEMANS A，DE C D，OTTEN B，et al. 3D joint dynamics of walking in toddlers：A cross－sectional study spanning the first rapid development phase of walking [J]. Gait & Posture，2005，22（2）：107－118.

[83] FARMER S E，PEARCE G，STEWART C. Developing a technique to measure intra－limb coordination in gait：Applicable to children with cerebral palsy [J]. Gait & Posture，2008，28（2）：217－221.

[84] HOF A L. Scaling gait data to body size [J]. Gait & Posture，1996，4（3）：222－223.

[85] 张悠然，王坤余，徐波，等. 三维扫描仪在四川儿童足部形态学中的应用研究 [J]. 中国皮革，2014（4）：115－117.

5 鞋类零售大数据的研究

5.1 大数据的基本概念

5.1.1 大数据的定义

大数据是指具有 5V 特点的数据集合：Volume（大量）、Velocity（高速）、Variety（多样）、Value（价值）和 Veracity（真实性）[1]。数据的类型众多，既有结构化的数据，也包括大量的、难以采用关系型数据库来处理的非结构化数据和半结构化数据，如含有大量的文字、图片、三维模型等。因此，大数据的处理和分析是不能够通过常规的数据归纳方法进行总结或分析，如采用 SPSS 或 SAS 等统计学分析软件，而是需要新的处理模式、更强的决策和洞察能力，以及更高效的流程优化能力来挖掘的方法，如 Hadoop 分布式计算、神经网络及卷积神经网络等[1]。当前业界已经从大数据重要性的认识阶段发展到实践大数据的必要性和战略实施阶段，如何实施大数据战略，IBM 也给出了清晰的定义：学习、探索、实践和印证、扩张。

1）学习

企业相关人员不仅要学习大数据是什么、作用是什么，还要对大数据业务场景、常见现象、Hadoop 技术等组织学习。

2）探索

企业最急需的是根据自身的商业需求来制订大数据的商业蓝图，以及确定相应的大数据业务场景。

3）实践和印证

企业疏理清楚大数据应用场景之后，根据不同业务场景，描绘出价值蓝图，然后开始实践。大数据的一个特点是大处着眼，小处看手。在这个过程中，需要不同部门成立应用和实践小组。

4）扩张

经过小规模的大数据项目运作成功之后，企业可全面展开，享受大数据带来的益处。

5.1.2 大数据研究的意义

在企业的经营活动中，决策往往是基于以往的经验和认知，对于如何运用足够多的数据来定量说明产品及经营中所观察到的现象和问题。针对零售企业，比如：产品销售终端地区间的差异有什么特点？消费者的消费行为和产品有什么关系？企业如何科学地制定产品战略，仍然是缺乏理论、方法和实践的指引。实施数据战略的基础是首先要有数据，具备采集数据的能力。然而现实情况却是，大量的数据分布在零售产业的各生命周期环节中，在流行趋势、产品开发、生产过程和与消费者的交流中，是包括了文字、图片、数据报表等多种类型的非结构化数据和半结构化数据。获取这些数据、设计合理的挖掘方法和建立科学的分析模型决定了企业解决这些问题的好坏，也决定了企业掌控未来的能力。正如《数据解放生产力》指出的："信息的数字化早已改变了我们的工作和生活，而这一改变还远远没有停止脚步，将继续改变我们的思维方式。大数据正是这一最新推动力量的典型代表"。在企业战略中形成大数据的分析和洞察机制，在企业业务流程中融入大数据的布局和应用，将会从本质上颠覆企业原有的运营思维和组织架构，更可以依托数据重新思考商业社会的需求与自身业务模式的转型，快速重构新的价值链，建立新的行业领导能力，从而提升企业的影响力。因此，大数据战略的实施和应用是企业，尤其是零售业企业未来转型升级的重要途径。

5.1.3　大数据的应用领域

大数据是当前信息技术领域的研究热点，国内外均进行了大量的报道。麦肯锡发布的报告显示，充分利用大数据可使得客户、企业等能够获得可观的利益：个人定位服务提供商可以增加价值高达 6000 亿美元的营业收入；大数据同样也可以帮助美国医疗保健行业每年提升 3000 亿美元产值，并可帮助美国零售业获得 60% 以上的净利润的增长。Hey 等认为，人们已经不只是关心数据建模、分析和科学数据等基础设施构建的知识，同时也越来越关心对广泛的网络和海量的数据的有效利用，以构造基于数据的相关研究，因此诞生了数据密集型的知识发现，即科学研究的第四范式。舍恩伯格[6]指出，大数据给我们生活所带来的信息风暴的影响，它不仅影响了工作、生活和思维，而且在新的数据时代引起了思维变革、商业变革和管理变革。

大数据对于传统行业的冲击在于：数据种类数量的增长、数据维度的变化、商业模式和管理模式的变化。IBM 分享了众多的案例，涵盖体育、能源、银行、医疗、互联网、传统制造业（鞋业）和营销方式等众多领域[2]。在鞋服行业，西班牙品牌 ZARA 平均每天卖出 110 万件衣服，通过全球资讯网络，每一件销售出去的商品都有自己的销售身份证（包括售价、部门、时段、客户），这些数据经过自动化程序分析出顾客的行为模式和消费喜好，作为未来产品的生产决策，让 ZARA 最短 3 天就可以推出一件新品，一年可以推出 12000 款时装。类似的还有优衣库（UNIQLO），借助对于顾客特征的数据采集，让优衣库的设计师能够设计出针对性更强、消费者更加喜爱的产品，从而实现更高利润的销售。

在鞋类领域，彪马的数据保存在 ERP 系统中，但该系统只能提供有限的报表功能。为了查看销售数据，销售人员需要联系内部数据库分析师，由他们将数据库数据进行排序，提取出所需信息并通过电子邮件将这些信息转发给销售代表。然后销售人员再将信息导入另一个应用程序，查看信息并制订适当的决策。这种信息数据的循环过程甚至需要长达一整天。而当问题或是退货发生时，公司并不能准确地获得问题的原因，是产品尺码有问题，还是款式、颜色不招人喜欢？是价格因素的影响，还是促销活动的原因？这些数据处理问题的根源在于 ERP 功能的局限。通过应用这些大数据分析工具后，彪马 90％的报表可以用于跟踪零售销售情况，识别出哪些产品在售，并进行尺码销售分析；同时，数据系统还可以按每小时、每月或每年跟踪单店的业绩、对商店进行互相比较、确定访问常客数据，判断出是否是合适的人在正确的时间走进了正确的商店。如果某种特定型号的鞋的销量上升，彪马可以及时提高这种鞋的产量。如果一家商店销量萎缩，彪马可以将库存转移到其他地方或让这家商店歇业。大数据构建了精准营销在鞋服行业中的应用范例。

此外，大数据还在交通、能源、健康医疗、食品、体育赛事领域发挥着传统思维难以想象的作用。这些应用使得大数据成为暨蒸汽机、电力和信息革命后新的工业革命的技术推手。

5.2　基于统计学基础的大数据分析的基础理论

从技术角度，大数据被定义为：所涉及的资料的数据量的规模是巨大的，并且已经膨胀到无法通过当前主流软件工具在合理时间内完成撷取、管理、处理以及整理成帮助决策者做出更好决策的有效信息的程度。大数据的另一个含义是指下一代新的数据分析技术和框架，可以被用于支持高速的数据海量获取、高效存储和实时分析。我国虽然在大数据研究领域起步晚，但是发展迅速，并已成为我国信息技术革命的驱动力。李国杰院士[3]介绍了大数据时代的特征，也描述了大数据的一些挑战：高效处理非结构化数据或半结构化数据、新型数据表示方式、数据融合等，提出在大数据时代下的战略需求以及数据处理方式都需要进行重新的思考和研究，并试图引起广大研究者对于基于大数据的科学研究。

在数据挖掘方面，大数据理论技术可分为传统技术与改良技术两支。传统技术以统计分析为代表，统计学内所含序列统计、概率论、回归分析、类别数据分析等都属于传统数据挖掘技术，尤其数据挖掘对象多为变量繁多且样本数庞大的数据，包含传统高等数学中的因素分析（Factor Analysis）、用来分类的判别分析（Discriminant Analysis），以及用来区隔群体的分群分析（Cluster Analysis）等，在数据挖掘过程中特别常用。

在改良技术方面，应用较普遍的有决策树理论（Decision Trees）（决策树是一种用树枝状展现数据受各变量的影响的预测模型，根据对目标变量产生的效应的不同而建构分类的规则，一般多运用在对客户数据的分析上），类神经网络（Neural Network）［类神经网络是一种仿真人脑思考结构的数据分析模式，由输入之变量与数值中自我学习并根据学习经验所得之知识不断调整参数以期建构数据的类型（patterns）］，以及规则归纳法（Rules Induction）［规则归纳法是知识发掘领域中最常用的格式，使用一连串的如果……／则……（if/then）逻辑规则对数据进行细分，通常将数据中发生数太少的项目先剔除，以避免产生无意义的逻辑规则，然后制订规则，从而实现知识的归纳过程］等。

数据挖掘（Data mining）一般是指从大量的数据中通过算法来搜索隐藏于其中的有效信息的过程。数据挖掘通过与统计、在线分析处理、情报检索、机器学习、专家系统和模式识别等诸多方法相配合，实现有效信息的获取和表达。Han 等[4]将大数据的分析流程分为数据清理和集成、数据仓库、数据挖掘、模式、评估和表现；同时其将对大数据的挖掘理论和挖掘方法进行了介绍。Fayyad 等[5]提出了广为使用的 KDD 框架，KDD 包含一系列的过程：数据选择（Data selection）、预处理（Preprocessing）、转换（Transformation）、数据挖掘和解析（Interpretation）。而 Geist[6]从 3 层角度去对 KDD 的过程建模：模型角度（Model view）、数据角度（Data view）、过程角度（Process view）。Yao 等[7]则提出了一个 3 层架构：哲学层（Philosophy layer）、技术层（Technical layer）、应用层（Application layer）。

在算法方面，数据挖掘可分为 3 大类：分类区隔类、推算预测类和序列规则类。其中，6 分项为：Classification 和 Clustering（分类区隔类），Regression 和 Time－series（推算预测类），Association 和 Sequence（序列规则类）。下面将对这 6 分项进行说明。

5.2.1　Classification "分类"

"分类"是根据一些变量的数值做计算，再依照结果做分类。"分类"算法是用来预测数据对象的离散类别（Categorical label）。同时，"分类"算法也可以根据历史经验已经分类好的数据来研究它们的特征，然后再根据这些特征对其他未经分类或是新的数据做预测。

5.2.2　Clustering "聚类"

"聚类"是将数据分类到不同的类或者簇的过程，同一个簇中的对象有很大的相似性，而不同簇间的对象有很大的相异性。聚类与分类的不同在于，聚类所要求划分的类是未知的。从统计学的观点看，聚类分析是通过数据建模简化数据的一种方法。传统的统计聚类分析方法包括系统聚类法、分解法、加入法、动态聚类法、有序样品聚类、有重叠聚类和模糊聚类等。

聚类分析是一种探索性的分析，在分类的过程中，人们不必事先给出一个分类的标准，聚类分析能够从样本数据出发，自动进行分类。聚类分析所使用方法的不同，常常会得到不同的结论。不同研究者对于同一组数据进行聚类分析，所得到的聚类数未必一致。

从实际应用的角度看，聚类分析是数据挖掘的主要任务之一。同时聚类能够作为一个独立的工具获得数据的分布状况，观察每一簇数据的特征，集中对特定的聚簇集合作进一步地分析。此外，聚类分析还可以作为其他算法（如分类和定性归纳算法）的预处理步骤。

5.2.3　Regression "回归分析"

回归分析是确定两种或两种以上变量间相互依赖的定量关系的一种统计分析方法。它基于观测数据建立变量间适当的依赖关系，以分析数据内在规律，并可用于预报、控制等问题。

回归分析按照涉及变量的多少，分为一元回归和多元回归分析；在线性回归中，按照因变量的多少，可分为简单回归分析和多重回归分析；按照自变量和因变量之间的关系类型，可分为线性回归分析和非线性回归分析。若将范围扩大，也可利用 Logistic Regression 来预测类别变量，特别在广泛运用现代分析技术如类神经网络或决策树理论等分析工具，推估预测的模式已不在止于传统线性的局限，在预测的功能上大大增加了选择工具的弹性与应用范围的广度。

5.2.4 Time-Series Forecasting "时间序列预测"

"时间序列预测"与 Regression 功能类似，只是它是用现有的数值来预测未来的数值。两者最大差异在于 Time-Series 所分析的数值都与时间有关。Time-Series Forecasting 的工具可以处理有关时间的一些特性，如时间的周期性、阶层性、季节性以及其他的一些特别因素（如过去与未来的关联性）。

5.2.5 Association "关联分析"

"关联分析"是从大量数据中发现项集之间有趣的关联和相关联系。关联分析的一个典型例子是购物篮分析。该过程通过发现顾客放入其购物篮中的不同商品之间的联系，分析顾客的购买习惯。通过了解哪些商品频繁地被顾客同时购买，这种关联的发现可以帮助零售商制订营销策略。其他的应用还包括价目表设计、商品促销、商品的排放和基于购买模式的顾客划分。

以下将通过两个案例：运用智慧门店系统来构建产品销售的生命周期模型和运用智慧门店系统，来定量分析门店的陈列。通过这两个案例，我们将详细说明如何构建零售大数据系统、如何开展研究的设计等问题，进一步帮助读者理解本章的内容。

5.3 基于大数据的产品生命周期模型的构建方法

5.3.1 研究背景

制鞋行业具有明显的季节性、时尚性的特点，可以被归为"快时尚"产品，"快时尚"是指通过最大限度地缩短提前期，减少时尚产品从设计开发到成品生产，最后到销售所需要的时间，更好地满足消费者的需求[8]。快时尚产品容易面临库存带来的隐患，其主要原因有：新型"慢时尚"理念的回归导致销售预测偏差产生更多库存；快时尚频繁出现质量问题失去消费者信任[8-9]；快时尚与可持续发展的平衡[10]。通常情况下，制鞋企业通过提前生产订货商品来应对市场需求的不确定性[11-13]，尽管提前的模式确实给企业带来了更多商业机会，但同时带来了生产不足或是过量生产，增加了缺货与滞销所带来损失的风险[14]。因此，应有效识别快时尚产品的生命周期，并基于生命周期进行有效干预，实现利润的最大化。在这个环节中，关键技术是快时尚的生命周期建立。

预测销售量趋势及建立其数学模型的主要方法是使用 Gompertz 模型、Logistic 模型、BASS 模型。Gompertz 模型、Logistic 模型都是具有对称性的模型曲线，主要用于耐用商品生命周期的描述[15-17]，而 BASS 模型将潜在用户分为创新者和模仿者的概念是比较简单合理的，应用较少的参数就实现了对复杂的扩散过程比较准确的描述。通过改进的 BASS 模型，能够较好地同产品特征相结合。改进 BASS 模型则较多的是被用于描述"快时尚"产品生命周期的[18-19]。Kurawarwala 和 Matsuo 的研究表明，BASS 模型用于预测短生命周期产品有相对较好的效果[19]；同时，改进的 BASS 模型较多地用于服装行业等"快时尚"产业[20]。

5.3.2 研究理论基础

1) 消费行为

消费者的消费购买行为是由消费心理行为引发动机，由消费购买行为来实施这一动机。当消费者产生某种消费需求时，首先在心理上产生某种动机，这种消费心理动机驱使消费者去寻找或选择目标，注意某种消费品是否能够满足自己的需求。当找到了某种或某几种消费品以后，就会在已寻求的目标下进行满足自己消费需要的消费购买活动[21]。

消费者行为对于研究产品的生命周期有着非常重要的作用。消费者从进店关注产品、试穿再到购买这一过程都属于消费者行为。因为消费者行为又直接影响产品的生命周期走势，所以将消费者行为相关数据加入生命周期模型中，可以预测更加贴合实际的生命周期曲线。

2) 产品生命周期

产品生命周期理论有 3 种不同的诠释：第一种是从市场销售变化规律角度研究的产品生命周期理论；第二种是从国际交换与分工的角度研究产品生命周期理论；第三种是从可持续发展角度研究的产品生命周期理论[22]。而本书研究的是从市场变化规律角度研究的产品生命周期理论。

从市场销售变化规律角度研究的产品生命周期理论，是指产品从投入市场到被市场淘汰的全过程，也即指产品的市场寿命或经济寿命。它是相对于产品的物质寿命或使用寿命而言的。物质寿命反映商品物质形态消耗的变化过程，市场寿命则反映商品的经济价值在市场上的变化过程。

从国际交换与分工的角度研究产品生命周期理论，又称产品循环论。其要点是根据产品在国际贸易中的动态变化，把产品生命周期划分为产品创新、产品成熟和标准化 3个阶段，具体经过从"新产品开发—国内市场形成—出口—资本和技术出口—进口—开发更新产品……"这一依次循环上升的过程。

从可持续发展角度研究的产品生命周期理论是一种基于可持续发展的要求，从环境观点出发，从可持续产品的研制、开发、生产直至消费为研究对象的产品生命周期理论，或可称"可持续发展的产品生命周期"。它是指以"满足当代人需要而又不损害未来各代人需要"的可持续发展观为指导，以环境与生态保护为基准，应用产业生态学或生态经济学得系统方法来覆盖产品生命周期（从摇篮到坟墓）及其能量和物质的代谢系统（再生系统）的内涵和运行过程。而按上述理念研制、开发及消费的产品一般可称之为可持续产品，它在政策和法律手段的导向下，纳入政府或公司的采购规定，注以"生态标志"。

在本案例的说明中，将提取消费行为中的关注度、试穿数、销售数，对建立多层级的产品生命周期研究，延展生命周期的研究内涵，从而更加真实地反映了消费者行为与生命周期的关系，建立的生命周期模型也更加准确。

3）研究目的与意义

女式凉鞋产品的季节性强、销售周期短，与正装女单鞋相比较，其属于更加典型的快时尚产品。凉鞋在不同的时间段销量变化幅度大，非常容易发生库存积压或者库存紧缺的情况，因此鞋企会通过提前预测销售量来决定每款凉鞋的生产量，以保证凉鞋季的库存。企业需要通过产品前期实际的销售量来预测产品未来的销量走势，虽然也有大量历史销售量作为参考数据，但只靠历史销售量来预测出的销售量与实际结果往往偏差较大[14]。

本案例研究的目的是以国内某品牌不同风格、颜色的女凉鞋为研究对象，通过对销售量、关注度、试穿量的数据进行采集，运用统计学分析，建立更加精准的快时尚产品生命周期预测模型。

5.3.3 实验方法

5.3.3.1 样本收集

1）样本收集时间

本实验选取安装智能采集系统的某品牌 19 家门店 2017 年 5 月 1 日到 2017 年 10 月 31 日女式凉鞋的销售数据作为研究样本。

2）目标对象产品

本实验选取的研究对象为某品牌女式凉鞋产品建立相应的生命周期。

3）数据采集方法

关注度和关注次数主要依靠 RFID 系统进行采集[9]。RFID 模块的逻辑结构包括 RFID 的硬件、软件、服务器设置和功能。其中，硬件 RFID 阅读器放置于货架下方，能够实现 30 mm 以上距离的感知。

5.3.3.2 数据定义[23]

产品数据包括 3 个方面的参数：关注度、试穿次数和销售量。

关注度定义为：将一个周期内的全部有效关注累加获得在所述周期内消费者对所述鞋类产品的关注次数。关于关注度的指标有累计关注度 AA_k、关注度转换率 TR_k 和累计关注度转换率 TRA_k。

根据以下公式确定对应周期内的累计关注度 AA_k：

$$AA_k = \sum_{i=1}^{k} AT_i \qquad (5-1)$$

式中，i 表示周期序号，$i=1$，2，$\cdots$，I（I 表示设定时间段内的周期数）；k 表示对应周期序号，且 $i \leqslant k \leqslant I$，表示第 i 个周期内的关注次数。

根据以下公式确定对应周期内的关注度转换率 TR_k：

$$TR_k = \left(\frac{S_k}{AA_k}\right) \times 100\% \qquad (5-2)$$

式中，S_k 表示第 k 周期内所述鞋类产品的销量。

根据以下公式确定对应周期内的累计关注度转换率 TRA_k：

$$TRA_k = \sum_{i=1}^{k} TR_i \tag{5-3}$$

试穿次数定义为：在一定周期内被顾客试穿的次数。试穿次数也可以用累积试穿次数 AF_k、试穿次数转化率 TRF_k 和累积试穿次数转化率 $TRAF_k$ 来表示。

根据以下公式确定对应周期内的累计试穿次数 AF_k：

$$AF_k = \sum_{i=1}^{k} FT_i \tag{5-4}$$

式中，i 表示周期序号，$i=1, 2, \cdots, I$（I 表示设定时间段内的周期数）；k 表示对应周期序号，且 $i \leqslant k \leqslant I$，表示第 k 个周期内的试穿次数。

根据以下公式确定对应周期内的试穿转换率 TRF_k：

$$TRF_k = \left(\frac{S_k}{AF_k}\right) \times 100\% \tag{5-5}$$

式中，S_k 表示第 k 周期内所述鞋类产品的销量。

根据以下公式确定对应周期内的累计试穿转换率 $TRAF_k$：

$$TRAF_k = \sum_{i=1}^{k} TRF_i \tag{5-6}$$

5.3.3.3　影响因子

影响因子是指会对产品生命周期模型产生影响的因素。本实验定义了 2 个影响因子，即时间因子和款式因子。

时间因子是指产品投入市场的时间，即从产品开始投入市场的时间为起始时间，直到产品停止生产退出市场为终止时间。

款式因子是指不同风格的产品。本实验中的款式因子分成 3 类，分别为 3 种不同风格。

5.3.3.4　生命周期模型的建立

非累积 BASS 模型和累积 BASS 模型数学表达式如下：

$$n_{(t)} = m \times \frac{p\,(p+q)^2\,\mathrm{e}^{-(p+q)t}}{[\,p+q\mathrm{e}^{-(p+q)t}\,]^2} \tag{5-7}$$

$$N_{(t)} = m \times \frac{1-\mathrm{e}^{-(p+q)t}}{1+\dfrac{p}{q}\mathrm{e}^{-(p+q)t}} \tag{5-8}$$

式中，$n_{(t)}$ 为非累积销售量；$N_{(t)}$ 为累积累积销售量；t 为决定时间；m，p，q 为参数；m 是潜在的购买此产品的人数；p 为创新系数，q 为模仿系数，取值范围 $p>0$，$q>0$。

首先，分别将关注度、试穿数、累积关注度、累积试穿数代入改进的 BASS 模型中进行拟合，并得出相应的 BASS 模型，从而建立了女式凉鞋产品的生命周期模型。

其次，探究销售量与关注度、销售量与试穿数、累积销售量与累积关注度、累积销售量与累积试穿数之间的关系，用销售量分别与关注度、试穿数进行拟合，用累积销售量分别与累积关注度、累积试穿数进行拟合，得出它们之间的关系，并用数学式表示。

最后，将相关关注度、试穿数、累积关注度、累积试穿数的 BASS 模型代入销售量与关注度、销售量与试穿数、累积销售量与累积关注度、累积销售量与累积试穿数之间的关系式中，得到二次改进的 BASS 模型。

5.3.4 结果

通过关注度、试穿数、销售量、累积关注度、累积试穿数、累积销售量对 BASS 模型进行拟合，得出相关关注度、试穿数、销售量、累积关注度、累积试穿数、累积销售量的改进 BASS 模型。

1）关注度、试穿数、销售量的非累计数据 BASS 拟合结果

对于三类参数，我们可以从表 5-1 中可以看出，关注的数量最高，然而随着消费行为的深入，到试穿仅有约 50% 的转换率，而到销售，在仅有 1/3 的转换率。在 R^2 值方面，模型的拟合程度为中等，范围在 0.4～0.5 之间。

表 5-1 改进的 BASS 模型对非累积数据拟合

参数	m	p	q	改进的 BASS 模型 $n_{(t)} = m \times \dfrac{p\,(p+q)^2\mathrm{e}^{-(p+q)t}}{[\,p+q\mathrm{e}^{-(p+q)t}\,]^2}$	R^2
关注度	23323.5	0.005	0.02	$n_{(t)} = \dfrac{0.07\mathrm{e}^{-0.025t}}{[\,0.005+0.02\mathrm{e}^{-0.025t}\,]^2}$	0.400
试穿数	10257.4	0.005	0.02	$n_{(t)} = \dfrac{0.03\mathrm{e}^{-0.025t}}{[\,0.005+0.02\mathrm{e}^{-0.025t}\,]^2}$	0.482
销售量	7696.5	0.006	0.02	$n_{(t)} = \dfrac{0.003\mathrm{e}^{-0.026t}}{[\,0.006+0.02\mathrm{e}^{-0.026t}\,]^2}$	0.466

从表 5-2 和图 5-1～图 5-3 可知各参数的特征数据，例如，关注度的最高峰值为 175 次，持续时间 8 天；试穿数的最高峰值为 75 次，持续时间 13 天；销售量的最高峰值为 6 双，持续时间仅为 1 天。

表 5-2 改进的 BASS 模型对非累积数据拟合结果的曲线定量分析

参数	起始点	峰值点	结束点	峰值时间	峰值持续时间	曲线的波动范围
关注度	114	175	26	52	8	149
试穿数	49	75	11	49	13	64
销售量	4	6	1	19	56	6

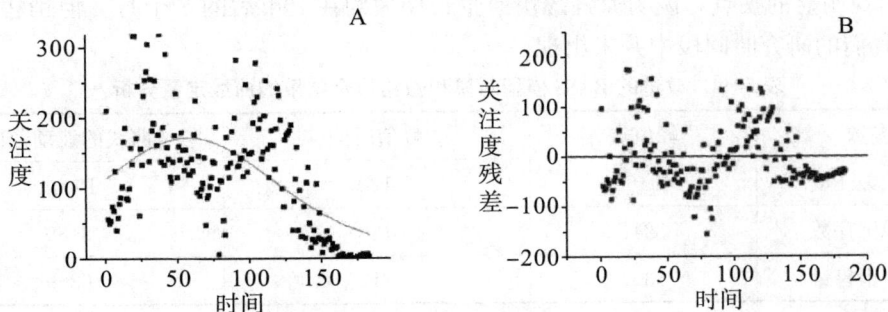

图 5-1 时装风格关注度改进的 BASS 模型拟合（A 拟合结果图；B 拟合残差图）

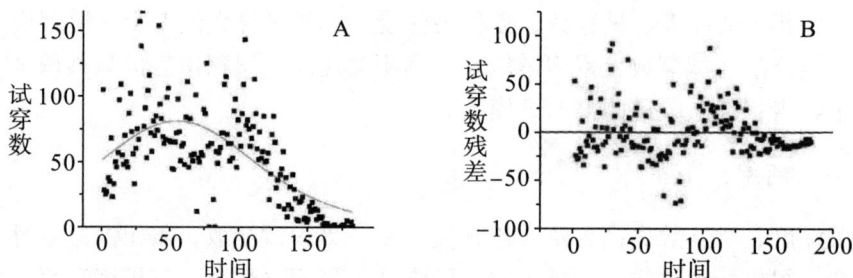

图 5-2　时装风格试穿数改进的 BASS 模型拟合（A 拟合结果图；B 拟合残差图）

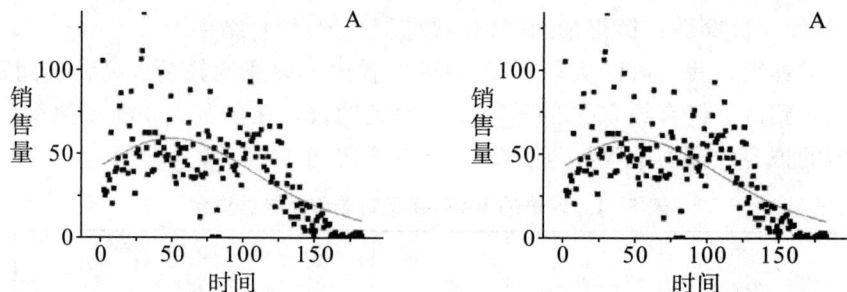

图 5-3　时装风格销售量改进的 BASS 模型拟合（A 拟合结果图；B 拟合残差图）

2）关注度、试穿数、销售量的累计数据 BASS 拟合结果

在累计数据结果方面（见表 5-3），类似的结果和表 5-1 相似，但 R^2 值却非常好，均大于 0.99。因此，在拟合模型的准确度方面，累积数据要比非累计数据更好。

表 5-3　改进的 BASS 模型对累积数据拟合

参数	m_1	p_1	q_1	改进的 BASS 模型 $N_{(t)} = m_1 \times \dfrac{1 - e^{-(p_1 + q_1)t}}{1 + \dfrac{p_1}{q_1} e^{-(p_1 + q_1)t}}$	R^2
累积关注度	24187.3	0.005	0.02	$N_{(t)} = 24187.3 \times \dfrac{1 - e^{-0.025t}}{1 + 4e^{-0.025t}}$	0.993
累积试穿数	10400.1	0.005	0.02	$N_{(t)} = 10400.1 \times \dfrac{1 - e^{-0.025t}}{1 + 4e^{-0.025t}}$	0.996
累积销售量	7865.7	0.006	0.02	$N_{(t)} = 7865.7 \times \dfrac{1 - e^{-0.026t}}{1 + 3.3e^{-0.026t}}$	0.996

由表 5-4 和图 5-4～图 5-6 可知，快时尚产品关注度和试穿大约在投入市场的120 天出现明显的拐点，说明凉鞋的快速生长期大约在上市后的 3 个月。但销售总额的拐点在我们的研究时间段中并未出现。

表 5-4　改进的 BASS 模型对累积数据拟合结果的曲线定量分析

参数	峰值点	峰值时间	曲线的波动范围
累积关注度	19166	120	19044
累积试穿数	8241	120	8189
累积销售量	6307	112	6259

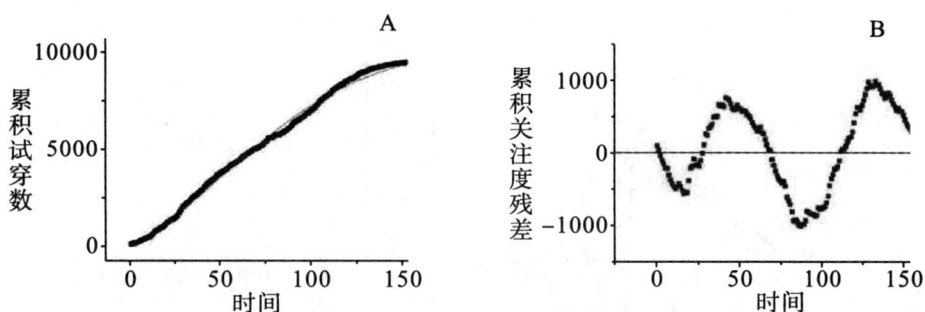

图 5-4 时装风格累积关注度改进的 BASS 模型拟合（A 拟合结果图；B 拟合残差图）

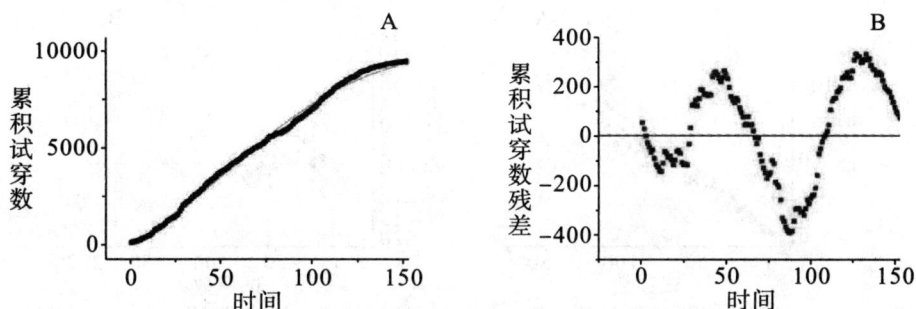

图 5-5 时装风格累积试穿数改进的 BASS 模型拟合（A 拟合结果图；B 拟合残差图）

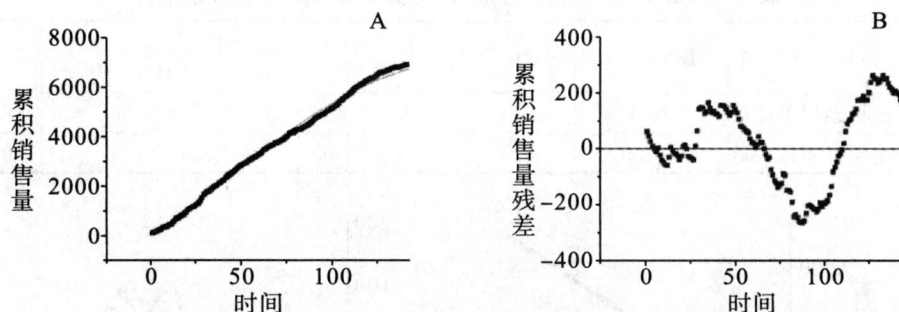

图 5-6 时装风格累积销售量改进的 BASS 模型拟合（A 拟合结果图；B 拟合残差图）

　　分别将销售量与关注度拟合、销售量与试穿数拟合，得出销售量与其他二者的关系，并得出拟合模型，见表 5-5 和表 5-6。关注和试穿与销售数据、关注累积和试穿累积与销售累积数据都表现出非常强的相关性，同时拟合结果均在 0.7 以上，其散点图如图 5-7～图 5-10 所示。由此说明可以采用关注和试穿、关注累积和试穿累积来预测销售数据。

表 5-5　销售量 y 与关注度、试穿数关系拟合

参数	$Intercept$	B_1	B_2	拟合模型 $y = Intercept + B_1 x + B_2 x^2$	R^2
销售量与关注度	0.8	0.4	-0.0004	$y = 0.8 + 0.4x - 0.0004x^2$	0.784
销售量与试穿数	1.2	0.7	-0.0002	$y = 1.2 + 0.7x - 0.0002x^2$	0.957

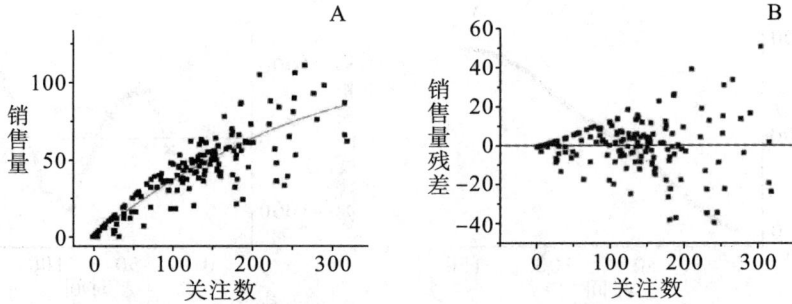

图 5-7 时装风格的销售量与关注度之间的关系拟合（A 拟合结果图；B 拟合残差图）

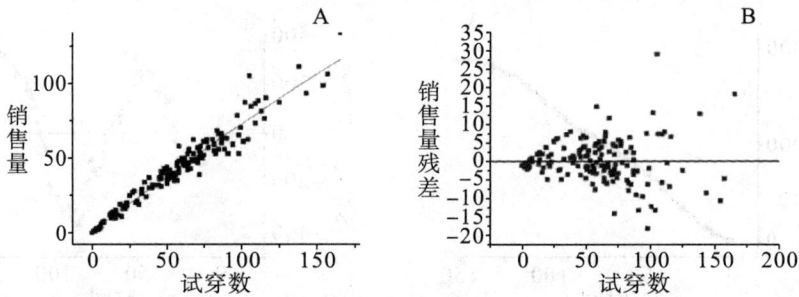

图 5-8 时装风格的销售量与试穿数之间的关系拟合（A 拟合结果图；B 拟合残差图）

表 5-6 累积销售量 y_1 与累积关注度、累积试穿数关系拟合

参数	$Intercept$	B_1	B_2	拟合模型 $y = Intercept + B_1 x + B_2 x^2$	R^2
累积销售量与累积关注度	61.1	0.4	0	$y = 61.1 + 0.4x$	0.999
累积销售量与累积试穿数	125.9	0.7	0	$y = 125.9 + 0.7x$	0.999

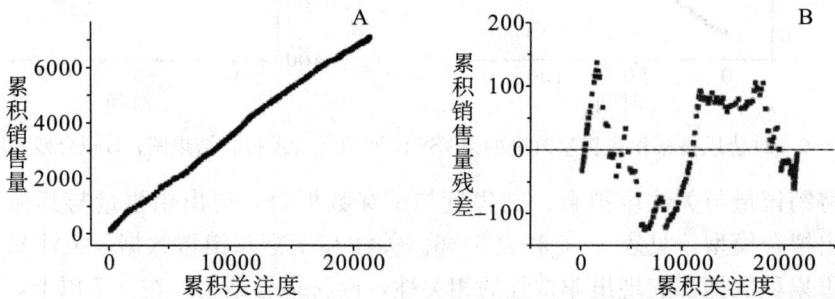

图 5-9 时装风格的累积销售量与累积关注度之间的关系拟合（A 拟合结果图；B 拟合残差图）

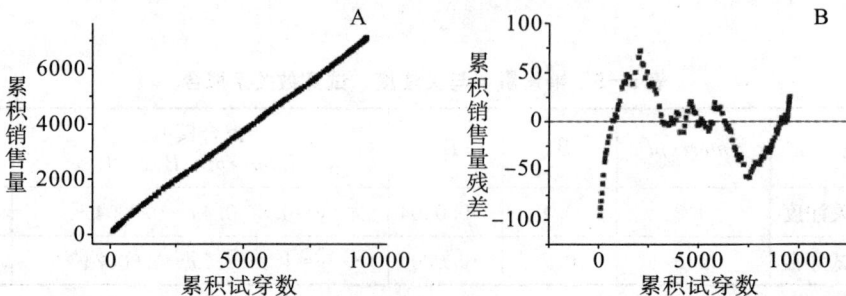

图 5-10 时装风格的累积销售量与累积试穿数之间的关系拟合（A 拟合结果图；B 拟合残差图）

　　将改进的 BASS 模型代入销售量与关注度、销售量与试穿数关系模型中的 x，如下式所示，模拟的 BASS 生命周期预测结果表现出中等的相关性，其散点图如图 5-11 和图 5-12 所示。

$$n_{(t)} = Intercept + B_1 \times m \times \frac{p(p+q)^2 e^{-(p+q)t}}{[p+q e^{-(p+q)t}]^2} + B_2 \left\{ m \times \frac{p(p+q)^2 e^{-(p+q)t}}{[p+q e^{-(p+q)t}]^2} \right\}^2$$

　　将 $m \times \frac{p(p+q)^2 e^{-(p+q)t}}{[p+q e^{-(p+q)t}]^2}$ 记为 x_1，通过将 x_1 代入改进的 BASS 模型，得到 2 次改进销售量的新模型 $n_{(t)} = Intercept + B_1 x_1 + B_2 x_1^2$（见表 5-7）。

表 5-7　2 次改进的 BASS 模型对销售量拟合

参数	m_3	p_3	q_3	2 次改进的 BASS 模型 $n_{(t)} = Intercept + B_1 x_1 + B_2 x_1^2$	R^2
销售量关于关注度的 BASS 模型	21539.8	0.006	0.02	$n_{(t)} = 0.8 + \dfrac{0.3 e^{-0.026t}}{[0.006 + 0.02 e^{-0.026t}]^2}$	0.469
销售量关于试穿数 BASS 模型	10833.2	0.006	0.02	$n_{(t)} = 1.2 + \dfrac{0.03 e^{-0.026t}}{[0.006 + 0.02 e^{-0.026t}]^2}$	0.463

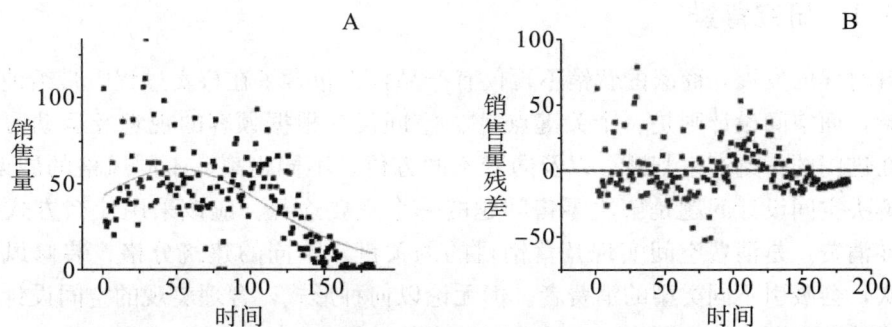

图 5-11　时装风格销售量关于关注度的 BASS 模型拟合（A 拟合结果图；B 拟合残差图）

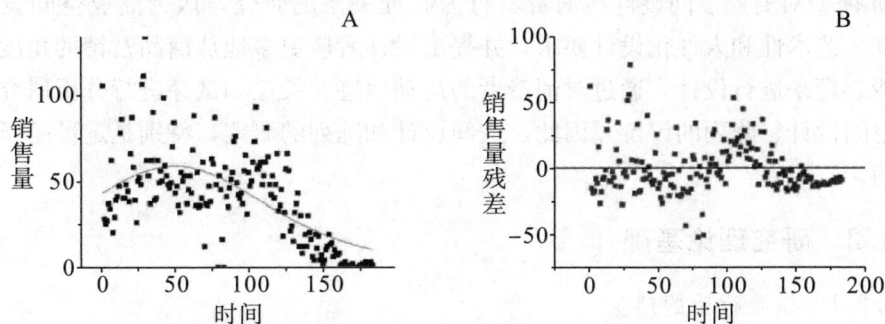

图 5-12　时装风格销售量关于试穿数的 BASS 模型拟合（A 拟合结果图；B 拟合残差图）

　　然而，累积数据的结果显示（见表 5-8），模拟的 BASS 生命周期预测结果表现出了较强的相关性，R^2 大于 0.9。

$$N_{(t)} = Intercept + B_1 \times m \times \frac{1 - e^{-(p+q)t}}{1 + \frac{q}{p} e^{-(p+q)t}} + B_2 \left[m \times \frac{1 - e^{-(p+q)t}}{1 + \frac{q}{p} e^{-(p+q)t}} \right]^2$$

将 $m \times \dfrac{1-\mathrm{e}^{-(p+q)t}}{1+\dfrac{q}{p}\mathrm{e}^{-(p+q)t}}$ 记为 x_2，通过将 x_2 代入改进的累积销售量 BASS 模型，得到

2 次改进累积销售量的新模型 $N_{(t)} = Intercept + B_1 x_2 + B_2 x_2^2$。

表 5-8 2 次改进的 BASS 模型对累积销售量拟合

参数	m_3	p_3	q_3	2 次改进的累计销售 BASS 模型 $N_{(t)} = Intercept + B_1 x_2 + B_2 x_2^2$	R^2
累积销售量关于累积关注度的 BASS 模型	19404.3	0.005	0.02	$N_{(t)} = 61.1 + 7761.7\,\dfrac{1-\mathrm{e}^{-0.025t}}{1+4\mathrm{e}^{-0.025t}}$	0.996
累积销售量关于累积试穿数的 BASS 模型	10934.7	0.005	0.02	$N_{(t)} = 125.9 + 7654.3\,\dfrac{1-\mathrm{e}^{-0.025t}}{1+4\mathrm{e}^{-0.025t}}$	0.996

5.4 基于大数据的门店陈列的定量研究

5.4.1 研究背景

随着时代的发展，商家的营销不再仅有产品，也包含了在售卖过程中带给消费者的消费体验，而空间设计则是一个关键点[24]。空间设计根据顾客的视觉及运动习惯，引导顾客在进门的一刻产生判断，以及向着不同方位、不同距离、不同风格的展架运动。因此，解决空间设计问题是解决零售问题的一个重要途径。应该采用什么方式吸引关注，引导消费，是消费空间实现其营销目的的关键。不同的建筑分格、装修风格、布局、层次，会吸引不同类型的消费者。但无论以何种形式，合理美观的空间设计都会以不同形式的吸引顾客，让顾客有去消费和探索的欲望。

唐劲羽[25]对商业空间设计与消费者行为心理关系的研究，认为商业空间设计应满足适应性、艺术性和人性化设计要求，并提出设计者应更多地从商品营销的角度和消费者的消费心理来进行设计。通过对消费者的运动轨迹、关注和试穿进行分析研究，能够实现对空间设计、陈列的评价。因此，空间设计和陈列的研究，特别是定量的研究是非常重要的。

5.4.2 研究理论基础

5.4.2.1 消费行为的产生

消费决策是经过消费心理所引发的兴趣，进而产生动机，最终形成的消费行为[26]。当消费者有了某种消费需求，就会产生相应的消费动机，进而驱使消费者去选择、探索、发现某种商品，并分析它们是否满足自己的需求。因此可以认为，消费者消费心理是自身需求与周围客观环境影响的综合表达。成功的商业空间设计和陈列在很大程度上会让消费者主动地去探索、感受和体验。

将顾客与品牌联系在一起是传统零售的场景之一[21,27]。传统零售是指直接将商品

以小批量的形式销售给消费者的一种商业活动形式；而传统零售空间则是容纳零售活动的空间形式。现有的研究认为[28]，对零售空间进行优化和布局，是提升传统零售销售的主要因素之一。鞋类品牌企业是零售空间理论的支持者之一，鞋类品牌企业非常注重消费者在空间内的体验感，对于陈列更加注重结构和层次，为顾客带来感官上的愉悦。在这个过程中，建立消费者对品牌的信任，强化对其产品的印象，进而让消费者更愿意去接纳这个品牌的产品，包括价格与形象，甚至愿意去推广和分享。更重要的是，鞋类品牌的空间设计需要兼具个性化和人性化[29]，比如在外观设计和气氛营造上个性化，在通道设计和店内设施上人性化等。

针对顾客与零售空间的关系，李淼的研究指出，在进行空间设计时，企业应该做好调研，明确主流顾客群的画像，建立与产品设计之间的呼应，如针对年轻化的市场，空间设计就应适当地包含流行元素，使其更具时尚感，让品牌风格更受顾客喜爱。进一步针对不同的消费群体和自身的商业需求进行分析，采集性别、年龄、收入、购买周期、心理接受价格、进店时间等消费人群的主要特征因素，为品牌的陈列设计提供数据基础[30]。

5.4.2.2   影响消费行为的空间因素

空间设计解决的是顾客浏览方向、在门店内的停留时间、停步空间以及移动时的空间大小等要素的布局。空间设计包括通道设计、陈列设计和场景布置。

通道设计是空间设计的其中一部分。根据鞋类产品的生命周期、种类，顾客的购买时限进行门店的通道设计，指引顾客在店内的运动路线。一般情况下，设计的原则是：要让顾客在店内尽量多地驻足，让顾客在店内方便地进行鞋品的选择，合理地规划陈列保证产品的吸引力等[31]。

陈列设计是空间设计所包含的另一部分内容。一个好的陈列设计是鞋品最直接、最优秀的推销员。通过陈列商品，不仅可以突出商品特征，增强顾客对商品的注目、了解、记忆与认知程度，还从多方面诱导了顾客与商品互动，达成购买。另外，成功的橱窗陈列也是吸引客流的最佳利器，让门店从并列的商家中脱颖而出[32]。

场景布置也是零售空间设计重要的一环，其内容包括了对门店内部空间的光线格局设计，由于改善环境与气氛的物件布置，例如展架、绿植、广告牌等。场景布置是门店氛围的重要参与者，通过灯光等引导客人的注意力，也增强了顾客对产品的关注度。人性化的场景布置可以让顾客感到舒适，增强消费的体验感，促进其消费欲望。

5.4.2.3   空间设计的变化趋势

随着社会的进步，人们的审美能力越来越高，越来越追求个性化的生活。人们通过实体购物或网络、电视等媒体间接接触到了许多不同的购物空间，产生了更高的消费要求。平庸的空间设计已难以满足，独特出色的空间设计已经成为人们欣赏的一个焦点。消费者在逛街的过程中，欣赏琳琅满目的商品，品味精巧的设计、雅致的装修、妙漫的灯光、自然的材质，感受独特文化含义，获得美感、愉快感，从而对于门店经营、管理、服务及商品质量产生认同感和购买欲[33]。

每个时代都会产生拥有各自时代社会共识的人，他们的生活消费主张不尽相同。现代社会由于网络的出现，各种文化此起彼伏，商品文化也进化包含了更多不同的时尚意义[34]。18~35岁的人成为消费群体中的主体，与上一代相比，他们拥有更高的受教育程度，接触了更多的文化，对于美有更多的个性化追求，对于时尚有更高的兴趣与欲望[35]。这种意识也会很大程度地延续给他们的后代。因此，当今时代主流消费群体追求特色化、多元化、性格化，对消费空间产生了更多的隐性要求，空间设计应有更高的追求目标[36]。

5.4.2.4　研究目的与意义

快时尚市场伴随着时代的变更，其主流的消费群体正在更新。这些群体与过去的相比，更注重消费体验、品牌与质量。实体零售门店是承载这些内容的一个主体，其是否吸引人，是否能满足顾客的消费欲望，是否能顺应时代做出改变，是市场研究的关键。

5.4.3　实验方法

5.4.3.1　样本选择

本实验针对国内某内销品牌的鞋类零售空间为对象，该品牌主流消费人群为 20～50 岁女性与 25～55 岁男性，主流产品的售价为女式凉鞋 99～199 元/双，女式单鞋 99～399 元/双，男式凉鞋 129～259 元/双，男式单鞋 199～499 元/双不等。

5.4.3.2　样本收集

本次样本收集了该品牌旗下 18 家安装智能摄像头设备的门店终端的空间设计与客流信息，门店分布于华南、华西、华东、河南 4 个地区。门店装修图纸由工程部提供；样本时间为 2017 年 9—11 月，仅统计店内主流产品（男鞋、女鞋）区域的客流状态。

5.4.3.3　区位定量方法

1）区块划分

如图 5—13 所示，将门店内部展架全部划分为几个区块并编号（门店设有多个摄像头以覆盖所有货架），每个区块内的产品种类相同且区块最大覆盖 2 个展架。陈列区块代表了门店内部吸引顾客的基本单元。

图 5—13　区块划分示意图

2) 距离测算

如图 5-14 所示，以正门中心为起点，测量与各区块的中心的距离，根据比例尺求得区块距门的实际距离值。

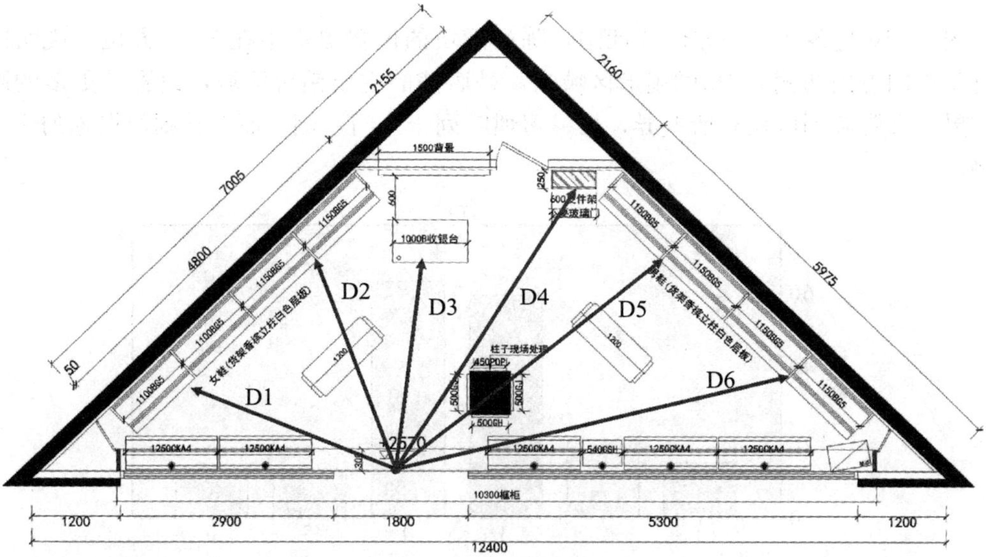

图 5-14　门店距离定位图示

3) 方位定义

如图 5-15 所示，以门中心点为测量原点，将门正对 180°角区域等分为 6 个区域，每 30°角一个区域。从左侧第一个区域开始命名，分别设定为区位 1～区位 6。

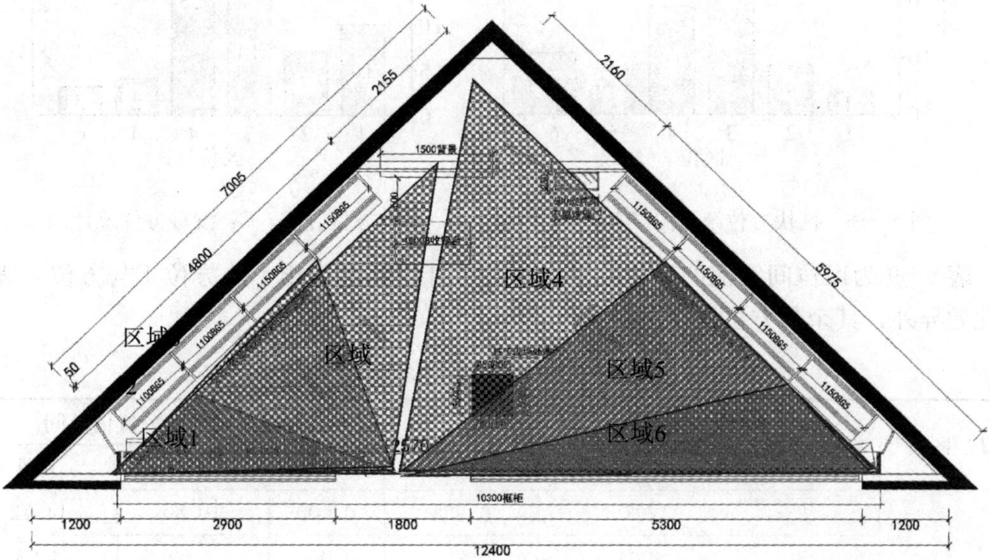

图 5-15　门店区位定义图示

5.4.3.4　数据及统计学分析

基于本研究的分析目的，分别以相关性分析、偏相关分析、单因素方差分析为主要分析方法，探究其变量关系。相关性分析判断了变量间有无联系及相关关系的表现形式和密切程度；偏相关分析剔除了其他变量的影响，其结果更加客观；单因素方差分析方便我们讨论单因素对于多个因素的不同水平效应。

5.4.4 **结果**

图 5-16 是各区块的方位统计图，陈列区块的位置更集中在 3、4 方位，说明门店垂直于正门方向两侧 30°角的扇形区域内，是店铺的主要销售区域，设置了更多的陈列点。男、女鞋陈列区块有所差异，男鞋习惯陈列于入门左侧，而女鞋则习惯陈列于入门右侧。

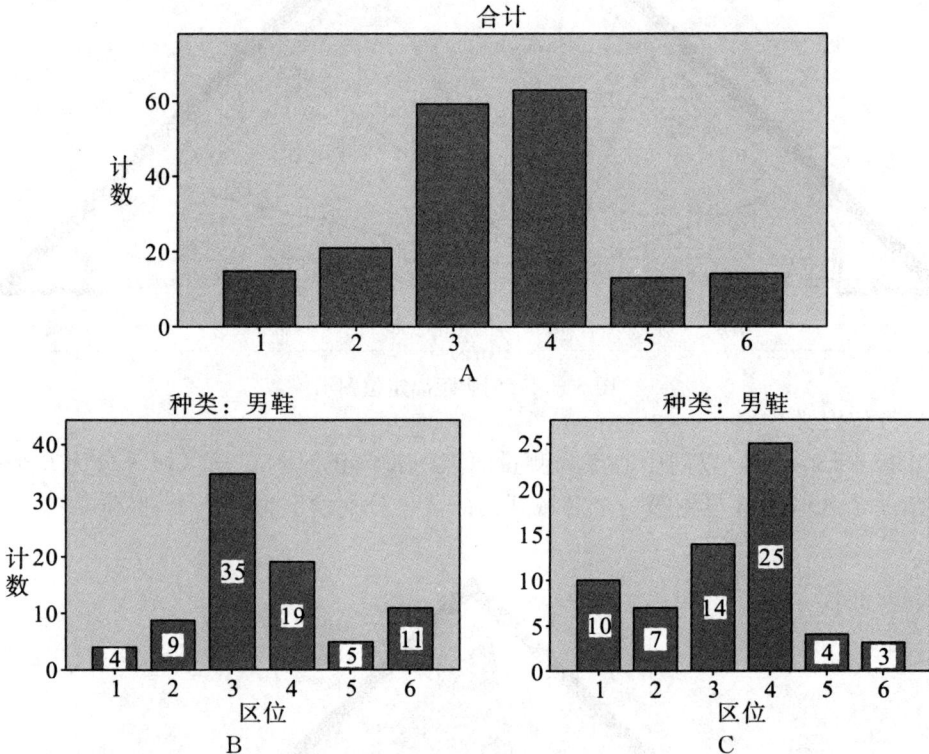

图 5-16　区块方位统计图（A：方位统计，B：男鞋方位分布，C：女鞋方位统计）

表 5-9 为区位间客流的比较结果。由表中计算结果得出，除方位 1 与方位 5 无显著性差异外，其余各方位均存在显著性差异。

表 5-9　区位间客流的比较结果

（I）区位	（J）区位	均值差值（I-J）	标准误差	Sig.	95%置信区间	
					下限	上限
1	2	12.76*	0.998	0.000	10.80	14.72
	3	4.64*	0.836	0.000	3.00	6.28
	4	9.32*	0.833	0.000	7.69	10.96
	5	0.87	1.163	0.455	-1.41	3.15
	6	-12.23*	1.184	0.000	-14.56	-9.91

（I）区位	（J）区位	均值差值（I-J）	标准误差	Sig.	95%置信区间	
					下限	上限
2	1	−12.76*	0.998	0.000	−14.72	−10.80
	3	−8.12*	0.788	0.000	−9.66	−6.57
	4	−3.44*	0.785	0.000	−4.98	−1.90
	5	−11.89*	1.130	0.000	−14.11	−9.68
	6	−24.99*	1.151	0.000	−27.25	−22.74
3	1	−4.64*	0.836	0.000	−6.28	−3.00
	2	8.12*	0.788	0.000	6.57	9.66
	4	4.68*	0.565	0.000	3.57	5.79
	5	−3.77*	0.989	0.000	−5.71	−1.83
	6	−16.88*	1.014	0.000	−18.86	−14.89
4	1	−9.32*	0.833	0.000	−10.96	−7.69
	2	3.44*	0.785	0.000	1.90	4.98
	3	−4.68*	0.565	0.000	−5.79	−3.57
	5	−8.45*	0.987	0.000	−10.39	−6.52
	6	−21.56*	1.012	0.000	−23.54	−19.57
5	1	−0.87	1.163	0.455	−3.15	1.41
	2	11.89*	1.130	0.000	9.68	14.11
	3	3.77*	0.989	0.000	1.83	5.71
	4	8.45*	0.987	0.000	6.52	10.39
	6	−13.10*	1.297	0.000	−15.65	−10.56
6	1	12.23*	1.184	0.000	9.91	14.56
	2	24.99*	1.151	0.000	22.74	27.25
	3	16.88*	1.014	0.000	14.89	18.86
	4	21.56*	1.012	0.000	19.57	23.54
	5	13.10*	1.297	0.000	10.56	15.65

注：*结果显著，$P<0.05$。

表5-10是男鞋与女鞋陈列区域产生客流分别与方位的相关性数据，显著性均为明显。但男鞋较女鞋与方位有更强的相关性，且正负值差异说明男女鞋摆放上确实存在方位差异。

表5-10 男女鞋区位与客流相关性

种类	Pearson 相关性	显著性（双侧）
男鞋	0.251	0.000
女鞋	−0.134	0.000

图 5—17 是陈列区域在门店空间内的方位分布频数图，显示了所采集门店内陈列区域的一般分布情况。可明显观察出陈列区多处于距门 5~15 m 的区域，过近或过远的陈列区较少。角度上可发现，靠近正门法线角度的陈列区域多于远离法线位置的，但两边的总计区域数量基本持平。

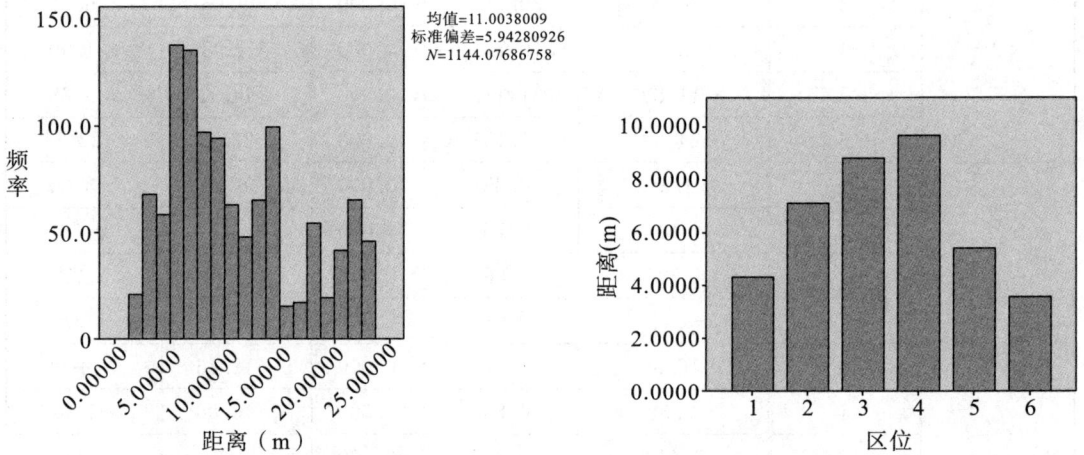

均值=11.0038009
标准偏差=5.94280926
N=1144.07686758

图 5—17 距离分布直方图

表 5—11 是陈列区域不同区位距离与客流人数相关性。Pearson 相关性代表了在该区位下，距离与客流人数的相关系数，数值越大，说明两者线性关系越强。显著性代表了其相关性存在的可信度，其值越小，代表显著性越强。我们可以发现，区位2~4存在相关显著性，且相关系数为负值，说明在该区位下，通常距离越远，客流人数越少。其余区位距离与客流人数没有相关显著性。

表 5—11　不同区位距离与客流人数相关系数

区位	Pearson 相关性	显著性
1	0.18	0.169
2	−0.46	0.000
3	−0.283	0.000
4	−0.286	0.000
5	0.124	0.398
6	−0.168	0.230

表 5—12 是不同区域门店角度、距离与客流人数的交叉分析结果。距离与角度呈负相关系数，说明距离正门越远的陈列区，与正门法线的夹角方向越小。对于占地面积越大的门店，此关系系数越接近零。距离与客流人数呈负相关系数，说明距离越远的陈列区域，产生的客流人数越少。除华东地区外，陈列区距离与客流人数均有显著性相关关系。角度与客流人数显著性系数均大于 0.1，说明陈列区域所处角度与客流人数无显著性相关关系。

表 5-12　角度、距离与客流人数相关系数

区域	客流人数—距离	显著度	角度—距离	显著度	角度—客流人数	显著度
河南	−0.359	0.018	−0.656	0	0.346	0.023
华东	−0.181	0.104	−0.318	0.004	0.076	0.500
华南	−0.543	0.011	−0.638	0.002	0.314	0.165
华西	−0.298	0.098	−0.369	0.038	0.213	0.243

5.4.5　讨论

本节通过对线下门店陈列空间属性和客流人数进行相关性分析，探讨了鞋类零售空间与顾客消费行为的规律：陈列区在零售空间内会受到不同程度的关注，并且与距离、角度等空间因素均相关；不同顾客特征，其受空间属性影响产生的消费行为均不相同。

1）角度、距离与消费行为关系

顾客在门店内的消费行为可简单描述为进店—选择路径—大范围浏览商品—选定商品—做出决策—购买。在整个消费过程中，消费者会收到多方位的因素影响其消费策略。这其中包含了一些潜意识的选择，如男性在无干扰条件下更多地选择进门后向左侧行进，而女性习惯进门后向右侧行进。

总结门店空间设计方面影响顾客在店内行为策略的几个因素；店内空间设计为顾客安排好的浏览路径是否方便顾客行进；店内的陈列是否方便顾客浏览选择；空间设计是否吸引顾客的注意力，留住顾客并使他们发现需求，从而产生购买可能。

从这几个因素出发，结合数据我们可以得到角度、距离与消费行为的几个关系：角度与距离相辅相成，其共同影响了顾客的行进路线与陈列受关注程度；在距离适中的区间（客流最多的区间−5～15 m），角度靠近垂直进门方向的货架（陈列），客流及受关注程度高。6 个方位客流的显著性差异也说明了顾客受陈列方位（角度）影响明显。在角度适中的区间（客流最多的区间−3、4 方位角度），5～8 m 处的货架（陈列）受关注程度与客流较高，并且在陈列远于 8 m 后，其受关注程度骤减，然后保持较低。

2）男女鞋陈列差异

分析发现所调查门店的男鞋陈列与女鞋陈列存在显著性差异，其空间分布与客流的相关性均不同。其中，女性顾客受陈列影响较大，说明女性顾客在整个消费过程中，比男性更注重于消费场合的安排。这与男女性的购物习惯有关，普遍情况下，男性更注重消费效率，而女性更注重消费体验[10]。

3）消费行为的地域性差异

不同区域的客流受方位影响与距离影响不同，这与不同区域的顾客特征和门店自身的空间条件有关。其店平面的几何特点也决定了其陈列的分布原则，在宽敞的面积下，分布更广，方位更趋向于两侧，距离更远。

参考文献

［1］胡媛. IBM 拥抱大数据［J］. 中国科技投资，2013（25）：94－96.

［2］维克托·迈尔·舍恩伯格. 大数据时代：生活、工作与思维的大变革［M］. 周涛，译. 浙江：浙江人民出版社，2012.

［3］李国杰. 大数据研究的科学价值［J］. 中国计算机学会通讯，2012，8(9)：8－15.

［4］JIAWEI HAN，MICHELINE KAMBer. 大数据挖掘——概念与技术［M］. 范明，孟小峰，泽. 北京：机械工业出版社，2012.

［5］FAYYADU，SMYTH P. The KDD process for extracting useful knowledge from volumes of data［J］. Communications of the ACM，1996，39（11）：27－34.

［6］GEIST I. A framework for data mining and KDD［C］//Proceedings of the 2002 ACM symposium onApplied computing. Madrid，2002.

［7］YAO Y Y，ZHONG N，ZHAO Y. A three－layered conceptual framework of data mining［C］//Proceedings of the In Workshop Proceedings Foundations of Data Mining ICDM. Brighton，2004.

［8］CHRISTOPHER M，LOWSON R，PECK H. Creating agile supply chains in the fashion industry［J］. International Journal of Retail & Distribution Management，2004，32（8）：367－376.

［9］原兴倩，陈建伟. 快时尚产品库存产生原因及应对措施［J］. 山东纺织科技，2014（3）：44－46.

［10］JOY A，SHERR Y J F，VENKATESH A，et al. Fast fashion，sustainability，and the ethical appeal of luxury brands［J］. Fashion Theory the Journal of Dress Body & Culture，2012，16（3）：273－295.

［11］韩永夫，汉方，寒松. 现代企业产品生命周期曲线预测模型及其应用［J］. 郑州大学学报（哲学社会科学版），1999（1）：44－50.

［12］谢慧. 产品生命周期曲线预测模型及其在营销决策中的应用［J］. 市场研究，2006（2）：46－50.

［13］熊义杰. 商品市场寿命周期的模拟研究［J］. 预测，1996（4）：67－8.

［14］吴涛. HQT 公司女凉鞋产品季库存优化研究［D］. 上海：复旦大学，2010.

［15］ARMSTRONG G，KOTLER P. Marketing：an introduction［M］. Engle wood：Prentice Hall，1990.

［16］胡觉亮，何秋霞，韩曙光，等. 基于改进的 BASS 模型的服装产品生命周期研究［J］. 浙江理工大学学报（自然科学版），2010，27（1）：69－73.

［17］毛立本，于清文，姜玉华，等. 几种耐用消费品需求函数和需求预测的研究［J］. 经济研究，1981（10）：72－77.

［18］NORTON J A，BASS F M. A diffusion theory model of adoption and substitution for successive generations of high－technology products［M］. New York：Informs，1987.

[19] KURAWARWALA A A，MATSUO H. Product growth models for medium-term forecasting of short life cycle products [J]. Technological Forecasting & Social Change，2002，2（3）：169－196.

[20] 何秋霞. 服装产品生命周期模型的实证研究 [D]. 杭州：浙江理工大学，2010.

[21] 江林. 消费者行为学 [M]. 上海：上海财经大学出版社，2015.

[22] 万君康. 论产品生命周期理论的发展及应用 [J]. 武汉商学院学报，1999（1）：16－18.

[23] 周晋. 线下鞋类零售门店智能数据采集系统设计及实证研究 [D]. 成都：四川大学，2017.

[24] FRANK R，KARDES. 消费者行为与管理决策 [M]. 马龙龙，译. 北京：清华大学出版社，2003.

[25] 唐劲羽. 基于消费心理与行为的商业空间设计探究 [J]. 艺术科技，2016，29（3）：329－332.

[26] 陈卓中. 买手型服饰店铺顾客消费心理研究 [D]. 上海：东华大学，2016.

[27] 张树林. 现代消费行为对商场空间设计的影响 [J]. 湘南学院学报，2001，22（3）：79－80.

[28] 于晓颖. 基于体验消费模式下的商业营销空间设计研究 [D]. 郑州：郑州轻工业学院，2017.

[29] 李如. 品牌女鞋陈列要素分析与设计研究 [D]. 西安：陕西科技大学，2012.

[30] 李淼. 当代零售业建筑与零售空间的演变与发展 [D]. 天津：天津大学，2004.

[31] 符国群. 21 世纪经济学管理学系列教材消费者行为学 [M]. 2 版. 武汉：武汉大学出版社，2004.

[32] 田婕. 上海市青年女性服装消费行为研究 [D]. 上海：同济大学，2008.

[33] 穆学理，塞尔江·哈力克. 基于消费行为心理的现代大型商业建筑内部公共空间的研究 [J]. 门窗，2016（10）：64－65.

[34] 马强. O2O 零售模式下实体店定位与变革研究——以 XY 集团为例 [D]. 桂林：广西师范大学，2015.

[35] 魏栋. 商场展示空间设计及原则 [J]. 佳木斯职业学院学报，2014（2）：93－95.

[36] 卢纹岱. SPSS for Windows 统计分析 [M]. 北京：电子工业出版社，2000.

6 产品验证研究

6.1 高跟鞋产品验证研究

高跟鞋由于后跷高度的存在，在穿着鞋子时足部长期处于结构性锁定的状态，足部和下肢肌肉紧绷。下肢肌肉的绷紧能够有效展示女性的线条美，但是长期处于这样状态则引发诸多的健康问题，如足底筋膜炎、拇指囊肿胀、足跟痛，严重时将会导致踝、膝、臀及腰背部的损伤[1]。

因此，对高跟鞋进行研究，了解不同跟高情况下的足底压力分布，从而能够优化高跟鞋鞋楦和鞋垫的设计，尽可能地减轻穿着时的足底压力、下肢的紧张度，最终预防由于高跟鞋引发的身体不适等问题。

6.1.1 实验方法

6.1.1.1 实验对象

随机抽取 8 名在校女大学生作为被试对象，被试者基本测量数据为：身高均值为 1.60 m，体重均值为 49.00 kg，BMI 均值为 19.30。

6.1.1.2 测试用具及设备

1）足底压力鞋垫系统

测试使用德国 Novel 公司开发的 Pedar－X 系统（Pedar－X，Novel，Germany），能准确、可靠地实时记录足底动态压力分布情况。

2）测量用鞋

测量时选用第 4 章中制作的成鞋，如图 6－1 所示。成鞋分为 20 mm、50 mm、80 mm 鞋跟高度，共 3 双女式单鞋。

图 6－1　20 mm/50 mm/80 mm 跟高试穿鞋

6.1.1.3　主观舒适度评价方法

本书主观舒适度评价采用视觉模拟评分法（Visual Analogue Scale，VAS）[2]。视觉模拟评分法是使用一条长约 100 mm 的游动标尺，一面标有 10 个刻度，两端分别为"0"和"10"代表无痛和最剧烈的疼痛。临床上使用 VAS 尺评定病人的疼痛程度，方法简单，相对客观且敏感[3]。本书建立了鞋类舒适度评价尺（见图 6-2），由长 100 mm、宽 10 mm 的长方形构成，左端标写"极不舒适"（舒适度 0 分），右端标写"非常舒适"字样（舒适度 10 分）。

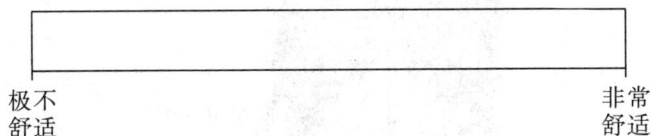

极不　　　　　　　　　　　　　　　　　非常
舒适　　　　　　　　　　　　　　　　　舒适

图 6-2　鞋类舒适度评价尺

6.1.2　实验过程

6.1.2.1　测试项目

测量项目分为被试者基本数据、足底压力测量两大部分。

被试者基本数据主要包括被试者的姓名、测试时间、测试编号。

足底压力测量主要包括以下几个方面：

（1）平跟：穿着 20 mm 女单鞋行走测试。

（2）中跟：穿着 50 mm 女单鞋行走测试。

（3）高跟：穿着 80 mm 女单鞋行走测试。

6.1.2.2　测试步骤

被试者足底压力测试步骤如下：

1）测量仪器的校准。

使用 Novel Pedar-X 压力鞋垫专用校准设备进行操作，选择已知的压力值进行校准与软件测试值进行对比，来检验压力鞋垫的准确度。创建实验使用鞋垫的校准文件，以便之后的实验使用。

（2）测量前准备好测量记录表、记录用笔、清洁酒精、棉球、实验用鞋，连接设备，等待实验。

（3）实验人员向被试者讲明实验内容，被试者签署书面同意书并填写基本资料表，做好测试准备。

（4）被试者脱去两只鞋袜，固定设备腰部绷带，选择实验用鞋并内置鞋垫，被试者穿着实验鞋后固定小腿及大腿绷带，完成设备的安装和固定。

（5）压力调零后，正常步态行走 30 s，测试并记录。

（7）更换实验鞋，重复上一步操作 8 次，得到 9 个压力数据。

（8）检查测量数据是否完整，结束测量。

6.1.2.3　主观舒适度评价实验过程

主观舒适度评价实验与客观足底压力测量实验同时进行，被试者穿着相应鞋款进行压力测试后填写该鞋款总体舒适度，依次进行，直至所有鞋款测试完毕。

6.1.3 数据处理

足底压力数据预处理是对动态行走数据的处理。动态测量数据截取中间三个稳定的步态周期的右脚测量值，然后取均值作为分析数据。压力鞋垫按照足底比例尺寸将传感器分为 3 个区域，分别是 Forefoot、Mid foot、Hind foot，如图 6-3 所示。

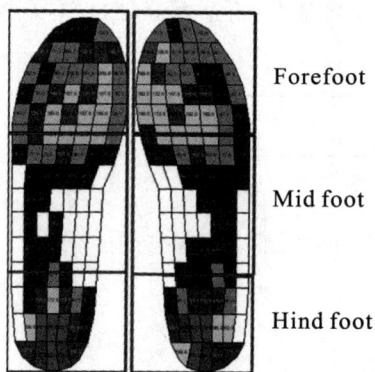

图 6-3　鞋垫分区

足底测量值分析行走状态，物理学参数包括以下几项。

1）峰值压强（Peak Pressure，PP）

峰值压强是指在压力采集过程中，压力鞋垫上每一个传感器所采集得到最大的压强值。它反映的是在站立或行走过程中，足底各区压强所达到的最大水平，显示出各区最大压强的分布特征，与足底舒适度感知相关。

2）接触面积（Contact Area，CA）

最大接触面积是指在压力采集过程中，压力鞋垫上所有接收压力的传感器的面积总和。它反映的是在站立或行走过程中，足底各区接触面积所达到的最大水平。

3）压强时间积分（Pressure Time Integrals，PTI）

压强时间积分是指压强与压强作用时间的乘积。它表示压强在一定时间段对足底各区连续作用产生的积累效果。压强时间积分由足底各区压力、接触面积和接触时间 3 个物理参数决定。

6.1.4 统计学分析

三次完整的数据被用于进一步的分析。首先对每位受试者的 3 次数据进行平均处理；再运用 one sample K-S 对数据的正态分布进行检验，结果证实数据服从正态分布；然后采用 independent T test 对左右脚的数据进行分析，左右脚存在显著差异，因此仅选用右脚数据进行分析；最后不同跟高之间的差异采用 One way ANOVA 进行评价。所有统计学模型均使用 SPSS 22.0 进行分析，显著度为 0.05，置信区间为 95％。

6.1.5 结果

在 PP 方面，hindfoot 在不同高跟鞋间存在显著差异（$P=0.000<0.05$），主要差异存在于 20 mm 跟高和 50 mm 跟高、80 mm 跟高之间（$P=0.000<0.05$ for all），50 mm 跟高和 80 mm 跟高之间不存在显著差异。在 PTI 方面，3 区域在不同跟高间不存在显著差异（$P>0.05$ for all）。在 CA 方面，midfoot 在不同高跟鞋间存在显著差异（$P=0.000<0.05$），主要差异存在于 20 mm 跟高和 50 mm 跟高（$P=0.025<0.05$）、80 mm 跟高（$P=0.000<0.05$）之间，同样的也存在于 50 mm 跟高和 80 mm 跟高之间（$P=0.007<0.05$）（见表 6-1）。舒适度数据结果呈现出随着跟高的增加而降低的趋势（见图 6-4）。

表 6-1　20 mm、50 mm、80 mm 跟高鞋内底足底压力分布结果

Variables	Foot region	Heel height（mm）	N	Mean	SD
PP（kPa）	forefoot	20	8	260.9	68.0
		50	8	251.9	69.6
		80	8	275.1	94.9
	midfoot	20	8	166.5	33.7
		50	8	157.0	54.7
		80	8	184.8	89.1
	hindfoot	20	8	174.9	24.1
		50	8	127.5	16.9
		80	8	116.3	19.9
PTI（kPa·s）	forefoot	20	8	80.1	22.7
		50	8	85.8	21.1
		80	8	109.9	28.2
	midfoot	20	8	63.1	12.9
		50	8	69.6	18.5
		80	8	80.6	30.9
	hindfoot	20	8	59.7	12.8
		50	8	59.8	10.3
		80	8	58.4	10.2
CA（cm²）	forefoot	20	8	39.7	1.6
		50	8	40.2	2.1
		80	8	39.5	2.9
	midfoot	20	8	32.9	3.9
		50	8	27.7	4.9
		80	8	21.3	4.0
	hindfoot	20	8	26.8	0.7
		50	8	26.4	0.8
		80	8	25.8	1.0

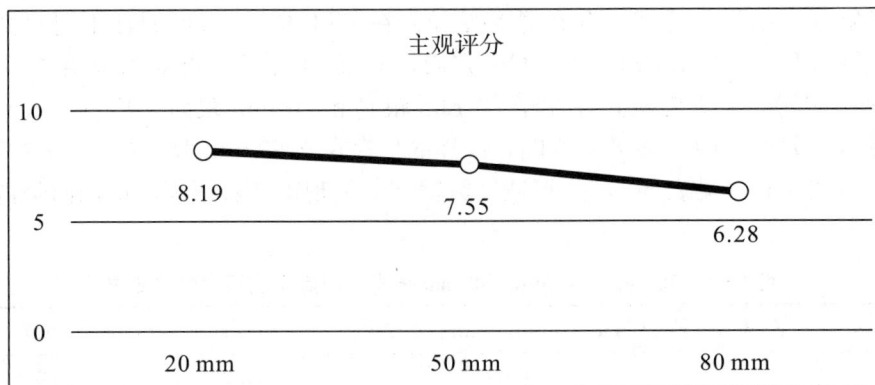

图 6-4　主观评分结果

6.1.6　讨论

随着跟高的增加，人体重心向前移动，足底压力也逐渐由后跟区域向前掌移动。我们的结果也证实了，随着跟高从 20 mm 向 50 mm，再向 80 mm 过渡时，forefoot 和 midfoot 区域的 PP 和 PTI 逐渐增大，而 hindfoot 区域的 PP 和 PTI 则逐渐减小；然而，CA 在 midfoot 和 hindfoot 区域变化显著。跟高的增加由此改变了足部参与行走的姿态，同样也改变了时空参数，如穿着高跟鞋步频增加、步长减小、步宽变窄等。

Choi[4]研究了穿着高跟鞋的 COP 分布特点，结果显示，COP 的运动速度是平足行走的 2 倍；同时，肌肉的疲劳也可以较容易地在高跟鞋穿着者中发现。Chang-Min Lee[5]研究的结果同样指出，胫骨前肌的 EMG 和背脊部的 EMG 显著地在高跟鞋穿着者组中增加较为显著。Gefen[6]对高跟鞋穿着者的研究指出，腓肠肌外侧和内侧不仅在疲劳状态下是不平衡的，同时也与异常的 COP 向外侧转移有关。Esenyel[7]指出，在穿着高跟行走时，脚踝跖屈肌的动量和能量消耗在着地期显著减少；然而在摆动期，髋关节收缩肌则显著增加。减少的踝关节跖屈肌活动增加了髋关节的收缩肌的补偿机制，并保证足部正常的离地并进入摆动期。

为了提高高跟鞋穿着的舒适度，Hawes 等 [8]建议高跟鞋的鞋楦需要与脚尽可能的相似。基于这个原则，就需要尽可能地减小鞋楦和脚的间隙，如引入高跟鞋鞋垫等措施。Hong 等 [9]介绍了引入高跟鞋的局部支撑垫来提高舒适度的方法，他们的结果显示这种方法对于高跟的效果要比中、低跟的明显。此外，鞋垫跟杯和腰窝支撑的结构有助于分散足底压力，同时保持脚在鞋内的稳定性[10]。

6.2　驾驶用鞋安全性能评估

6.2.1　引言

随着我国经济的快速发展，汽车数量在急剧增加，道路的交通流量也急剧上升，同时，道路交通事故也日益增多。根据公安部的数据，交通事故已成为"世界第一害"，我国是世界上交通事故死亡人数最多的国家之一。驾驶人作为整个交通体系中的主要参与者，国内外大量数据表明，道路交通事故中 90％以上的事故与驾驶人员有关[11]。据调查，女性司机交通事故占车祸总量的 3 成[12]。而 2012 年的调查数据显示，女性占我国家用轿车总人数的 51.4％[13]。国家相关部门提供的数据，女性驾驶员交通事故已占车祸总量的 30％左右，爱穿高跟鞋开车存在极大的安全隐患[14]。

针对这种情况，有少数人开始注意到鞋对驾驶安全的影响，特别是针对女性开车人群。大量的女性人群对高跟鞋有一种依赖的态度，甚至很多女性喜欢穿高跟鞋开车，而由于穿鞋不适所导致的交通事故也是屡见不鲜，穿高跟鞋开车的女性人群比重也很大，几乎是 30 个女司机里就有 17 人穿高跟鞋[15]。高跟鞋会增加交通事故发生的概率已经成为一种共识，在这种情况下，适合女性驾驶用鞋的出现也成为必然。然而，现有的研究并未对驾驶时穿着高跟鞋的情况进行研究。

因此，本研究通过比较 5 种类型的鞋在开车时的鞋内压力分布及足部运动范围，从而筛选出最适宜参与驾驶工作的鞋。

6.2.2 方法

6.2.2.1 受试者

本实验招募了 14 名健康女大学生，筛选条件如下：脚长范围为（230±2.5）mm，足部没有畸形，无重大足部疾病历史，身体质量指数正常，获得驾照，并有 1 年以上驾驶经验。测试者的基本情况为：年龄为（22±1）岁，身高为（155±4）cm，体重为（49.8±5.1）kg，BMI 为 20.71±1.52。所有的参与者都充分得到知情的权利，并签署知情同意书后开始测试。本实验的方法和过程严格遵循 Helsinki declaration 的伦理道德的要求。

6.2.2.2 测试用鞋

本实验中共测试了 5 双鞋子（见图 6－5），测试鞋 1 为市面平底鞋（S1），测试鞋 2 为普通运动鞋（S2），测试鞋 3 为低跟单鞋（S3），测试鞋 4 为中跟单鞋（S4），测试鞋 5 为坡跟凉鞋（S5）。5 双测试用鞋的跟高见表 6－2。

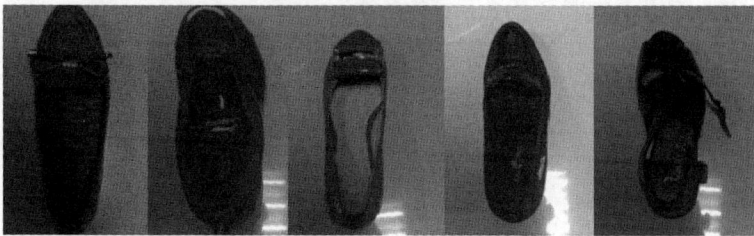

图 6－5　1～5 号测试用鞋

表 6－2　测试用鞋跟高情况

序号	前尖高度（mm）	相对后跟高度（mm）	绝对跟高（mm）
S1	7	10	3
S2	15	29	14
S3	7	34	30
S4	4	73	69
S5	33	100	67

6.2.2.3 数据采集

本实验是在车内环境中模拟驾驶状态下进行测试，测试用车为 Suzuki 1.3L 版，驾驶座位于左边。首先让测试者先熟悉车内环境，调整到合适的驾驶位置；然后依次穿着不同测试用鞋，用 Pedar-X 鞋垫压力测试系统（Pedar-X，Novel，Germany）记录他们踩刹车及油门两种状态下的足底压力分布；最后使用电子角度尺（凯利博 DA-100，中国）测量测试者在油门姿态及刹车姿态下的跖屈角度和背屈角度。

6.2.2.4 数据处理及统计学分析

鞋内压力数据通过 one-mask model（见图 6-6）仅提取前掌区域。激活区域位于前掌区域，介于 41%~80%脚长区间。针对这个研究区域，分别分析峰值压力（kPa）、作用面积（cm^2）和冲量（kPa·s）3 个参量。3 次测试数据首先进行平均处理；然后采用 One-sample Kolmogorov-Smirnov test 对数据进行测试，并证实所有数据服从正态分布；最后不同测试鞋的鞋内压力和足部运动范围通过 Paired T test 进行分析。统计学分析采用 SPSS 软件，显著度为 0.05，置信区间为 95%。

图 6-6 one-mask model

6.2.3 结果

6.2.3.1 角度参数

穿着不同测试用鞋驾驶姿态角度分析结果见表 6-3。

表 6-3 驾驶用鞋各动作状态下的角度分析结果

动作	N	shoes	Mean	SD	Sig.
刹车	14	S1	146.4	10.1	S1<S4=0.004，S2<S4=0.004，S3<S4=0.048
		S2	146.4	9.7	
		S3	148.7	8.0	
		S4	153.7	8.1	
		S5	151.1	10.3	
油门	14	S1	150.2	8.1	S1<S4=0.001，S1<S5=0.003，S2<S4=0.001，S2<S5=0.002，S3<S4=0.050
		S2	149.9	10.1	
		S3	153.6	8.1	
		S4	158.3	8.1	
		S5	157.3	9.9	

如表 6-3 所示，测试用 S4 无论在刹车或是油门状态下，运动角度均显著大于 S1、

S2 和 S3。此外，当油门动作时，S5 要显著大于 S2。

6.2.3.2 鞋内压力分布

各组测试鞋之间的比较结果见表 6－4，刹车和油门动作在最大压强和冲量数据方面不存在显著差异。在接触面积方面，刹车时 S1 显著小于 S2（$P=0.048$），S2＜S3（$P=0.022$），S2＜S4（$P=0.046$）。

表 6－4　鞋内足底压力分布

action	variables	shoes	N	Mean	SD
power	PP （kPa）	S1	12	68.6	55.5
		S2	12	59.2	37.5
		S3	12	87.1	47.3
		S4	12	104.1	63.7
		S5	12	77.8	48.6
	CA （cm²）	S1	12	18.8	10.7
		S2	12	15.1	8.5
		S3	12	21.2	11.2
		S4	12	21.4	10.1
		S5	12	15.5	6.1
	PTI （kPa·s）	S1	12	39.0	38.4
		S2	12	43.6	41.0
		S3	12	45.5	27.6
		S4	12	76.3	73.4
		S5	12	47.1	37.3
break	PP （kPa）	S1	12	42.0	23.9
		S2	12	36.5	20.7
		S3	12	46.9	24.9
		S4	12	47.4	29.6
		S5	12	41.7	18.3
	CA （cm²）	S1	12	10.4	4.0
		S2	12	7.1	3.0
		S3	12	10.9	3.5
		S4	12	10.7	5.3
		S5	12	10.1	4.3
	PTI （kPa·s）	S1	12	16.9	13.0
		S2	12	40.2	57.0
		S3	12	24.2	18.8
		S4	12	42.6	73.2
		S5	12	26.7	35.9

6.2.4 讨论

本实验评估了5双不同跟高的女鞋在刹车和油门两种状态下对驾驶的影响，并通过对足部运动角度和鞋垫压力进行测试，定量研究跟高对驾驶的影响。结果显示，随着相对跟高高度增加，脚踝的运动范围和足部前掌的受力面积逐渐增加，但是压强和冲量并不随跟高的变化而增加。从差异的显著度来看，当绝对高度超过30 mm时，踝关节运动角度和接触面积关系显著。

现有的研究指出，由于高跟鞋的后脚支点高，无形中增大踩制动踏板的力度和角度，这涉及3个方面的影响：反应时间、踝关节运动角度和足部发力。随着后跟高度的增加，人体正常姿态下的背屈角度逐渐减小，踝关节所能够旋转的角度也逐渐减小，这极大地限制了背屈的角度，因此踩刹车的动作还需要来自小腿三头肌的配合，需要耗费更多的能量产生更大的力矩才能实现刹车动作。

一方面，虽然我们的结果显示在压强和冲量方面不存在随着跟高的增加而显著的变化，但是随着运动角度的增加，足部同等力的输出却需要更多的功，从而消耗更多的能量，这容易导致足部的疲劳，增加驾驶的危险隐患；另一方面，我们的研究结果显示，显著差异与绝对跟高相关，而与相对跟高无关，如S5号鞋的。但不意味着前尖越高越安全，因为前尖越高意味着鞋的前掌部位离地角度更大，这会增加前掌施力的传递时间，并降低前掌对于踏板的空间位置感。

然而，本实验存在一定的局限：①全部实验对象均来自健康学生群体，而各年龄段人群开车习惯有较大不同；②本实验没有考虑款式、鞋面及鞋底材料对于驾驶的影响，实验变量因素较多，对于实验结果的准确性和真实性有一定的影响。

参考文献

[1] 李文燕，耿乐伟. 赤足自然行走的足底压强模式对鞋的舒适性的影响 [J]. 中国皮革，2009 (10)：115-116.

[2] 视觉模拟评分法（VAS）[J]. 中国微侵袭神经外科杂志，2004，9 (11)：483.

[3] 维克托·迈尔·舍恩伯格. 大数据时代：生活、工作与思维的大变革 [M]. 周涛，译. 杭州：浙江人民出版社，2012.

[4] CHOI H，CHO W H. The effects of high-heeled posture on COP kinematics and muscle fatigue during the balance control of human body [C] //LEE S S，LEE J H，PARK I K，et al. Advanced Nondestructuve Evaluation I，Pts 1 and 2，Proceedings. 2006：1119-1122.

[5] LEE C M，JEONG E H，FREIVALDS A. Biomechanical effects of wearing high-heeled shoes [J]. International Journal of Industrial Ergonomics，2001，28 (6)：321-326.

[6] GEFEN A，MEGIDO-RAVID M，ITZCHAK Y，et al. Analysis of muscu-

lar fatigue and foot stability during high－heeled gait ［J］. Gait Posture，2002，15 (1)：56－63.

[7] ESENYEL M，WALSH K，WALDEN J G，et al. Kinetics of high－heeled gait ［J］. J Am Podiatr Med Assoc，2003，93 (1)：27－32.

[8] HAWES M R，SOVAK D，MIYASHITA M，et al. Ethnic－differences in forefoot shape and the determination of shoe comfort ［J］. Ergonomics，1994，37 (1)：187－196.

[9] HONG W H，LEE Y H，CHEN H C，et al. Influence of heel height and shoe insert on comfort perception and biomechanical performance of young female adults during walking ［J］. Foot Ankle Zwternational，2005，26 (12)：1042－1048.

[10] YUNG－HUI L，WEI－HSIEN H. Effects of shoe inserts and heel height on foot pressure，impact force，and perceived comfort during walking ［J］. Appl Ergon，2005，36 (3)：355－362.

[11] 石敏初. 提高机动车驾驶人素质是预防交通事故的治本之策 ［J］. 湖南公安高等专科学校学报，2009，21 (6)：15－19.

[12] 女性司机交通事故占车祸总量三成 ［N］. 南京晨报，2007－06－18.

[13] 峰光. 女性驾车安全细节 ［J］. 汽车与安全，2012 (5)：36－38.

[14] 辛渐，史瑞杰. 驾驶的小细节，开车不能乱穿鞋 ［N］. 大河报，2008－08－28.

[15] 陆兴奎. 驾驶车辆穿鞋有讲究 ［J］. 汽车维修与护理，1998 (10)：18.